SUSANNE STERNECKER

SCHAU DIR IN DIE AUGEN, KLEINES!

AF219996

Impressum

Bibliografische Information der Deutschen Nationalbibliothek:

Die Deutsche Nationalbibliothek verzeichnet diese Publikation in der Deutschen

Nationalbibliografie; detaillierte bibliografische Daten sind im Internet über

http://dnb.dnb.de abrufbar.

© 2021 Susanne Sternecker

Mitwirkende: Carola Elisabeth (Buch-Coach/Lektorat); Peggy Hedrich-Wolff

(Illustration); Vivian Hagemeister (Bilder)

Herstellung und Verlag: BoD – Books on Demand, Norderstedt

ISBN: 978-3-7557-5773-3

Susanne Sternecker

SCHAU DIR IN DIE AUGEN, KLEINES!

Wie du dein unperfektes Leben endlich perfekt findest

Inhaltsverzeichnis

Und immer wenn wir lachen, stirbt irgendwo ein Problem.

Von ganzem Herzen – Danke schön!

Ich möchte mich an dieser Stelle bei einigen Menschen, ohne die dieses Buch nicht entstanden wäre, besonders bedanken.

Bei meinen Eltern, ohne die ich heute aus vielerlei Gründen nicht wäre, wo ich bin.

Bei meinen Kindern, die einfach das Beste sind, was mir in meinem Leben passiert ist!

Bei meinem Partner, der mich so nimmt und liebt, wie ich bin.

Bei meiner besten Freundin Renate. Vielen Dank für deine bedingungslose Freundschaft.

Bei dem Vater meiner Kinder, der mir immer ein sehr guter Freund ist.

Bei ALLEN Menschen, die meinen Lebensweg begleitet haben und begleiten, egal ob wohlwollend oder herausfordernd.

Ein ganz besonderer Dank geht an meine Mentorin Carola Elisabeth #buchcoaching. Ohne dich wäre dieses Buch nicht geschrieben worden.

Und danke auch an mich! Für den Mut, dieses Projekt anzugehen und mich auf den Prozess einzulassen.

„Sich selbst zu lieben ist der

Beginn einer lebenslangen

Romanze."

Oscar Wilde

Eine Einladung an dich

Herzlich willkommen in meinem Buch.

Gehörst du auch zu den Menschen, die immer wieder versuchen, es allen recht zu machen? Die glauben, sich keine Fehler erlauben zu dürfen?

Ich habe oft gestaunt über Leute, die so ganz selbstbewusst zu ihren vermeintlichen Fehlern und Unzulänglichkeiten stehen und sich am besten noch darüber amüsieren.

Bei mir war das ganz lange nicht der Fall. Und auch während ich jetzt diese Zeilen schreibe, schleicht sich der leise, alte Gedanke von hinten an mich an, ob es denn wirklich richtig ist, dass ich mich hier hinsetze und über etwas schreibe, obwohl ich ja alles andere als perfekt bin und sowas auch noch nie gemacht habe.

Und doch traue ich mich das jetzt.

Nehme meinen ganzen Mut zusammen.

Braucht es wirklich noch ein Buch über Perfektionismus bzw. Un-Perfektionismus? Es gibt ja schon so viel zu diesen Themen.

Aber: Kann es davon wirklich genug geben? Ich jedenfalls habe sicher nicht alles gelesen und erst recht nicht immer alles umgesetzt, was in dem ein oder anderen Buch stand.

Wenn dir manches also bekannt vorkommt, dann lade ich dich ein, es als ein Zeichen zu sehen, jetzt – wirklich – genau diesen Tipp gebraucht zu haben. Als einen, den du in dein Leben integrierst und nicht als einen aus vielen Büchern.

Mein Buch ist für jeden, der sich angesprochen fühlt und ganz ehrlich? Auch für mich und mein Wachstum. Du wirst später im Buch noch lernen, wie wichtig es ist, dich auch selbst zu priorisieren – also praktiziere ich mal, was ich lehre.

Bevor's richtig losgeht, gebe ich dir noch eine kurze Vorschau auf das, was dich erwartet.

Was in Teil 1 geschieht und wieso

Im ersten Teil des Buchs nehm ich dich mit auf meine sehr persönliche Reise bis hierher – ins Jahr 2021. Ich blicke mit dir in meinen Rückspiegel auf Episoden, die mich gefordert, zum Fallen gebracht, aufgerichtet, gestärkt und weiterentwickelt haben. Ich habe viele Entscheidungen in meinem Leben getroffen, die andere sich nicht zugetraut hätten, und bin besonders stolz auf meine Kinder, die heute zwar erwachsen, aber für immer meine Kinder sind. Die Herausforderungen, die mein Leben mit sich brachte, hatten also immer auch Einfluss auf meine Liebsten – und weil ich weiß, dass viele Frauen, die auch Mütter sind, es immer wieder nur allen anderen als sich selbst recht machen, obwohl sie Sehnsüchte in sich tragen, gebe ich dir Einblicke in meine persönlichen Geschichten.

Ich wette, du kannst dich darin spiegeln.

Wie du mit dem 2. Teil „arbeiten" kannst

Der zweite Teil beinhaltet eine Speisekarte wunderbarer Erfahrungen und Möglichkeiten, die ich mit Blick in meinen Rückspiegel auch dir servieren möchte. Es sind die kleinen Tools und Impulse, die mich meinem perfekten Leben näher gebracht haben und die auch du ausprobieren darfst.

Nimm dir auch einen Stift zur Hand, denn hin und wieder gibt es Notizseiten, die du füllen darfst, wenn du wirklich einen Unterschied auch in deinem Leben machen möchtest. Alternativ legst du dir zusätzlich einen Zettel oder dein eigenes Journal bereit.

Ich wünsche dir eine kurzweilige Zeit und ganz viel Spaß beim Blick in meinen – und schließlich auch in deinen Spiegel.

1. Teil - MEIN

Rückspiegel

Wäre es damals nicht so gewesen, wie es war, wäre ich heute nicht die, die ich bin.

Ein Unfall, könnte man sagen. Das bin ich.

Ein unerwartetes Ereignis, das die Welt von zwei Menschen erstmal total auf den Kopf stellte. Meine Eltern waren damals 18 und 19 Jahre alt und natürlich **nicht** verheiratet. Das wiederum war im Jahr 1966 nicht so einfach. Frauen durften z.B. selbst keine Wohnung anmieten oder einen Arbeitsvertrag unterschreiben.

In meinen ersten Lebensjahren habe ich viel Zeit bei meinen Großeltern verbracht. Für mich als erstes Enkelkind war das wunderbar. Ich war die Sonne, um die sich die Planeten Oma, Opa und Ur-Opa kreisten, während meine Eltern viel arbeiten mussten. In meinen ersten Lebensjahren habe ich aber auch schon Abschied nehmen müssen – von zwei Männern, die für mich absolut wichtige Menschen waren. Mein Vater sollte sich ein paar Jahre später in diese Reihe einfügen. Aber anders.

Einer dieser Männer war mein Ur-Opa.

Der Ruhepol, der immer mindestens ein behütendes Auge auf mich hatte, verabschiedete sich in den Himmel. Auch heute, über 50 Jahre später, habe ich noch immer den Geruch seiner Zigarre in der Nase.

Wenn ich diesen Duft irgendwo schnuppere, bin ich wieder zurückversetzt in die Zeit, als ich neben ihm am Fenster sitze und beobachte, was draußen so passiert.

Noch viel schlimmer und für mich in diesem Alter überhaupt nicht zu verstehen war die Trennung meiner Großeltern.

Mein Opa war mein sicherer Hafen, mein allerliebster Spielkamerad. Wenn er mich geschimpft hat, dann immer mit dem in seinen Augen aufblitzenden Schalk eines Spitzbuben. Kannst du dir diesen Mann vorstellen? Ich kann ihn spüren, wenn ich über ihn schreibe, und auch, wie traurig ich als Mädchen, das die Gesamtsituation nicht begreifen konnte, über seinen Verlust war.

Ich fühlte damals: Er hat nicht nur meine Oma, sondern auch MICH verlassen. Ich habe ihn nie wiedergesehen. Er war damit der zweite Mann, von dem ich mich verabschieden musste.

Als ich dreieinhalb Jahre alt war, kam mein Bruder zur Welt und katapultierte die Sonne mit Karacho aus ihrer Umlaufbahn. Mein Prinzessinnenthron fiel und alles drehte sich nur noch um den Prinzen, das Wunschkind.
Damit veränderte sich meine ganze Welt.
Plötzlich musste ich die Aufmerksamkeit, die ich vorher komplett für mich genoss, teilen.
Dass ich meinen Erstgeborenen-Status nie wirklich verloren habe, habe ich erst später erkannt.

Auch bei meinen Großeltern mütterlicherseits hatte ich immer diese besondere Rolle und die damit verbundenen Vorzüge. Dass ich meistens das bekam, was ich mir wünschte, war das eine. Gerade als ich älter war, fragten sie mich oft nach meiner Meinung und ich genoss absolutes Vertrauen – das war das andere und für mich noch Wertvollere.

Dazu kam dann, dass ich nicht mehr bei meiner Oma leben konnte. Denn meine Mama blieb erst mal zu Hause und arbeitete nur noch sehr wenig – heute würde man wohl von einem Mini-Job sprechen.

Sie trug morgens Zeitungen aus und leistete so ihren finanziellen Beitrag zur Haushaltskasse. Bis wir Kinder wach wurden, war sie immer schon wieder daheim.

Ich lebte jetzt ausschließlich bei meinen Eltern und war nur noch ab und zu als Übernachtungsgast bei meinen Großeltern.

Ab dem Moment, als mir klar wurde, dass sich durch meinen Bruder meine Welt veränderte, fing ich an, mich immer öfter zu verschließen.

Ich bekam Angst.

Mein Bruder erkrankte ungefähr im Alter von 4 Jahren an der Hüfte und wurde, das wurde damals so behandelt, für eineinhalb Jahre mit seinem Unterkörper in eine Gipshose gelegt. Damals wussten wir nicht, ob er jemals normal würde laufen können.

Ich wünschte mir, bloß keine zusätzliche Last für meine Eltern zu sein. Ich wollte nicht nochmal jemanden verlieren und auf keinen Fall wollte ich schuld an einem weiteren Abschied sein.

Ich bekam Angst davor, etwas falsch zu machen oder was Falsches zu sagen. Falsch zu SEIN.

Andere Leute beschrieben mich immer als brav. Noch heute hallen diese Sätze nach – immer schön leisetreten. Nicht auffallen. Nicht MISSfallen.

Auf Kinderbildern sehe ich heute meine Veränderung damals deutlich. Aus den nach oben gerichteten Mundwinkeln eines strahlenden Kindes wurden die nach unten gerutschten Halbmonde eines bedrückten Mädchens.

Auch wenn ich nicht schuldig war, so bewahrheitete sich meine Angst in der zweiten Klasse dann trotzdem: Meine Eltern trennten sich. Schon wieder, wie damals bei meiner Oma, erlebte ich eine trauernde Frau, diesmal meine Mama. Trauernd um ihre Liebe, ihre Beziehung, ihre Ehe.

Vielleicht hat ein Teil in mir in diesen Situationen entschieden, dass ich nie die sein würde, die von einem Mann verlassen wird.

Denn das wurde ich mein Leben lang nicht – und die Tatsache, dass ICH diejenige war, die Partnerschaften beendete, wurde später noch ein Thema, das mir zusetzte und es mir schwer machte, mich aus giftigen Verbindungen schneller zu lösen...

Meine Eltern fanden nach ungefähr drei Jahren den Weg zurück zu sich und sind bis heute ein Paar.

Meine Vorsicht und das Gefühl nicht gut genug oder richtig zu sein, trug ich bis vor wenigen Jahren immer bei mir.

Wenn gerade Kinder oder Jugendliche in so einer Unsicherheit verhaftet sind, dann spüren manche Menschen, dass da jemand ist, den man aus dem Gleichgewicht bringen kann. Meine innere Unsicherheit spiegelte sich schließlich in meinem Außen.

Als meine Mutter wieder mehr arbeitete, unterstützte meine Oma fast täglich im Haushalt, kochte, spielte mit uns, war einfach da. Auch sie pflanzte viele Glaubenssätze in mich ein.

Dass morgen die Sonne nicht scheint, wenn der Teller nicht leer gegessen ist.

Oder dass Mädchen an den Herd gehören und im Haushalt helfen müssen.

Mein Bruder hat sich solchen Sprüchen einfach entzogen.

Traf auf ihn ja auch nicht zu.

Ich als braves Mädchen hingegen habe **natürlich** auf meine Oma gehört und ihr die Freude gemacht, im Haushalt zu helfen und meinen Teller leer zu essen.

Kommen dir solche Erinnerungen vielleicht auch bekannt vor?

Dass ich, statt auf meine eigenen Bedürfnisse zu hören meiner Oma lieber eine Freude machte und jeden Teller leer futterte, führte zu meiner größten Angst überhaupt, die wahrscheinlich alle anderen Ängste zum Dach hatte: Nämlich verspottet und ausgelacht zu werden.

Ich war zwar nicht dick.

Ein bisschen kompakter vielleicht.

Aber damals schon wurde der Grundstein für meine Diätkarriere gelegt und nicht nur das.

Das Gefühl von Unzulänglichkeit, von Minderwertigkeit nahm immer mehr Raum ein.

Es breitete sich stetig aus, wie ein Luftballon, den man aufbläst.

Es war nur leider viel stabiler als ein Luftballon.

Es gab keine Möglichkeit, einfach mit einer Nadel rein zu stechen und dieses Konstrukt von jetzt auf gleich platzen zu lassen.

Interessanterweise war ich während der Schulzeit meistens mit den Stars der Klasse befreundet. Die, die am selbstbewusstesten und auch oft am lautesten waren, waren eng mit mir. Oder umgekehrt, ich eben mit ihnen.

Bleibt noch zu erwähnen, dass sie auch meistens die attraktivsten waren.

Ich stand immer daneben, war aber auch irgendwie mittendrin.

Man könnte sagen, ich habe mich in ihrem Schatten bewegt…

Als das „mit den Jungs" für mich losging, türmte sich plötzlich alles, was ich an Unsicherheiten in mir trug, zu einer massiven Welle auf. In manchen Momenten hatte ich das Gefühl, darin zu ertrinken.

Meinen ersten Freund hatte ich mit 14 Jahren. Er war schon ein bisschen älter, fuhr ein Moped. Als er mich gefragt hatte, ob ich „mit ihm gehen" wollte, lief ich total aufgeregt zu meiner Mama, die gerade unser Abendessen kochend in der Küche stand. Ich erzählte ihr, innerlich vibrierend, was grade passiert war. Ihre Antwort vergaß ich nie.

Sie drehte sich kurz um und sagte:

„Aha. Und du bist sicher, dass er **dich** gemeint hat?"

BÄÄÄHHHMMM!

Und KLATSCH!

Mir hat's erst mal kurz ein Vakuum im Kopf verpasst. So, als würde für einen kurzen Moment die Zeit stillstehen.

Wieso sollte sich jemand für mich interessieren?

Das war meine Antwort auf die Frage, die ich nie stellte, nämlich, wieso meine Mutter so reagierte. Dass ich in allen Cliquen immer die Jüngste war, zum Beispiel, und ihre Frage darauf abzielte, daran dachte ich nicht.

Denn: Ich habe mich so oft kritisch im Spiegel betrachtet, endlos viele Makel erkannt. Heute weiß ich natürlich, dass das in diesem Alter ganz normal ist. Aber damals habe ich mir überall nur Bestätigungen dafür geholt, dass ich nicht liebenswert bin und so fiel auch das wahrscheinlich unglücklichste Kompliment, das ein junger Mann seiner Freundin machen kann und das ich von meiner ersten ganz großen Liebe irgendwann nach meinem 18. Geburtstag bekam, auf den Haufen meiner Unsicherheiten.

„Du hast eine Rubensfigur", waren seine Worte.

Noch heute breche ich in schallendes Gelächter aus, wenn ich daran denke.

Eine Rubensfigur! **Das** will eine 18-Jährige hören.

Oh mein Gott, der arme Kerl, der sich einfach nicht besser ausdrücken konnte oder es ganz besonders gut machen wollte. Zumindest weiß ich heute, dass es ein Kompliment **werden sollte**.

In mir wurde aber ein ganz anderer Knopf gedrückt.

Nämlich der Ich-bin-zu-dick-Knopf…

Wir heirateten trotzdem, als wir beide 21 Jahre alt waren – und bewahrten unsere Ehe für 4 Monate.

Ja, 4 Monate.

Kennst du die Lebensmomente, in denen du fühlst, dass etwas falsch ist, und du es trotzdem machst, weil du dir die Situation schönredest und einfach nicht zu deinen Gefühlen stehen kannst – falls du sie dir überhaupt erlaubst, zu fühlen?

Ich fühlte schon vor der Trauung, dass unser Versprechen nicht richtig war, aber ich konnte einfach nicht dazu stehen und erklärte mir meine irrationalen Das-ist-falsch-Gefühle mit dem Vorbereitungsstress.

Ich bemerkte zwar, dass sich in mir Widerstand regte, konnte meine Signale zu diesem Zeitpunkt aber leider nicht übersetzen.

Wollte ich auch gar nicht.

Es versetzte mich in Panik.

Aufkeimende Gedanken, das jetzt sofort stoppen zu müssen, wurden sofort von der anderen Stimme in mir, die mich mahnte, dass „man sowas doch nicht macht", mundtot gemacht.

Was sollten denn die anderen sagen?

Was denken die von uns? Von mir?

Wenn man so lange immer nur versucht, es anderen recht zu machen, und seine eigene innere Stimme nicht wahrnimmt, erkennt man sie gar nicht (mehr) und **vertraut** ihr noch viel weniger.

Sie muss dann schon sehr laut werden, um Gehör zu finden.

Irgendwann setzte dann der Mechanismus ein, dass **ich** nie diejenige sein würde, die von einem Mann verlassen **wird.**

Es gab zwar keine Anzeichen dafür, dass er sich trennen wollte, aber die Gefahr, dass er derjenige sein könnte, der Abschied nimmt, wurde aus meiner Sicht von Tag zu Tag wahrscheinlicher.

Die Angst davor trieb mich so stark an, die Stimme in mir wurde so laut, dass ich nur wenige Wochen nach unserer Hochzeit keine andere Wahl mehr hatte, als meine Reißleine zu ziehen.

Das war natürlich ein Knaller!
Besonders für seine Eltern, die mir sowieso kritisch gegenüberstanden.

Mit meinem damaligen Mann fand ich, nachdem mein Entschluss gefasst war, einen guten Weg, damit umzugehen, und schon während der Trennung passierte etwas, das die Weichen zu dem Besten, das mir je passiert ist, stellte...

Einige Jahre später entstand zwischen uns übrigens wieder eine schöne Freundschaft. Leider haben wir uns trotzdem irgendwann aus den Augen verloren.

Männer sind also ein ganz eige-

nes Thema in meinem Leben.

Da gibt es die, die mich verlassen

haben, ganz am Anfang. Und

dann gibt es die, die ich verlas-

sen habe. Immer wieder.

Susanne Sternecker

Während der Trennung lernte ich den Vater meiner Kinder kennen. Auch wenn auch diese Liebes-Beziehung nach zehn Jahren enden sollte, sind wir bis heute Eltern und gute Freunde. Wir haben es geschafft, unseren Kindern trotz unserer Trennung ein stabiles Leben zu geben. Das war, gerade am Anfang, nicht immer leicht, aber wir nahmen uns und unsere Egos für unsere Kinder zurück und sind heute sehr glücklich, das gemeistert zu haben.

Meine 20er sollten insgesamt richtungsweisend für mich werden. Das Rufen in meinem Inneren wurde immer lauter und ich lernte immer mehr Menschen kennen, die sich mit innerer Arbeit, dem inneren Kind, Energien, Spiritualität und Selbstfürsorge beschäftigten. Ich fühlte mich wie ein Schwamm, der, so ausgetrocknet, wie er war, alles aufsog, was sich anbot. Eines der schönsten Geschenke, das ich damals bekommen habe, war eine Buchempfehlung von meinem Bruder. Ich las den ersten Teil „Gespräche mit Gott" von Neale Donald Walsch.

Endlich bekam ich so viele Antworten auf die Fragen, die sich so lange in mir versteckt und nicht in mein Bewusstsein getraut hatten. Ohne, dass ich sie stellen musste, blätterten sich die Antworten vor mir auf.

Viele Lebenserfahrungen, Menschen, Bücher und besonders meine Kinder waren und sind für mich immer wieder Lehrer. Gerade meine Jungs haben mir schon oft gezeigt, dass man sich nicht für andere verbiegen muss, es in Ordnung ist, nicht jeden zu mögen und auch nicht von jedem gemocht zu werden. Was mich besonders beeindruckt ist, dass sie so eingestellt sind, obwohl sie mich als Mama haben.

Interessanterweise war ich, wenn es um meine Kinder ging, nie die Brave. Für sie war ich immer die Löwin, die sich todesmutig vor sie stellte oder wie eine Bärin hinter ihnen stand, sie bestärkte zu tun, was für **sie** richtig war und nicht das, was **andere** meinten. Das, was **sie** wollten und nicht das, was **andere** von ihnen wollten.

Sie haben mir immer viel anvertraut und ich habe dieses Vertrauen nie gegen sie benutzt. Ihre Meinung war mir wichtig und ich war offen für ihre Sorgen, Ängste und Wünsche. Natürlich gab es auch Phasen, in denen sie mir nicht immer alles erzählten. Und das ist auch gut so und ganz normal. Am wichtigsten war für mich, dass sie wussten, egal worum es geht, wir können über alles reden.

Und alles das hat sich bis heute nicht geändert.

Meine Kinder sind meine ganz besonderen Engel!

DANKE, DANKE, DANKE, Universum!

Und DANKE auch für all die anderen Engel, die so zahlreich mein Leben bereichert haben und das jeden Tag weiter tun.

So viele Erfahrungen, die nicht immer nur schön waren.

Besonders im ersten Moment.

Ablehnung, Trauer, Neid, Abschiede sind auf den ersten Blick alles andere als positiv. Manchmal brauchte es doch etwas mehr Zeit, um zu erkennen, wie sehr ich auch durch diese Erfahrungen wachsen durfte. Freude, Liebe, Hingabe, Vergebung und Mut sind vermeintlich positiv, brauchen aber auch das Sich-drauf-einlassen, um ihr volles Potenzial zu entfalten.

Vor einigen Jahren habe ich mal einen Arsch-Engel, in Form eines Anhängers mit einer Perle, Flügeln und einem umgedrehten Herz, das dann aussieht wie ein Popo, geschenkt bekommen. Dieser Engel erinnert mich immer wieder daran: Auch Menschen, die für mich anstrengend oder belastend sind, sind einfach nur Engel. Jeder mit seinem eigenen Auftrag, um meiner Seele bestimmte Erfahrungen und damit Wachstum zu verschaffen.

Das erkenne ich nicht immer gleich und es gibt Personen, da fällt es mir richtig schwer, sie als Engel wahrzunehmen. Es darf aber auch alles seine Zeit brauchen. Wir hören schließlich nie auf zu wachsen, solange wir leben.

Meine berufliche Laufbahn ist dafür ebenfalls exemplarisch und ich bin mir sicher, dass du dich in Teilen darin wiederfinden könntest.

Auf deine Weise.

Vielleicht blättern sich auch für dich mit diesem Buch Antworten auf Fragen in dir auf, so wie es auch bei mir einmal gewesen ist.

Ich hätte gerne einen kreativen Weg eingeschlagen, als Fotografin beispielsweise. Für meine Eltern war aber wichtig, dass ich einen sicheren Beruf erlerne, „mit dem ich auch Geld verdiene".

Was machte die Brave also?

Eine Ausbildung zur Bürokauffrau.

Und ich fand es lange Zeit einfach nur schrecklich.

Den ersten Absprung schaffte ich durch die Geburt meines ersten Sohnes. Als 3 Jahre später sein Bruder zur Welt kam, war mein Abschied aus der Buchhaltung besiegelt.

Schwein gehabt.

Ich arbeitete dann zwar immer noch in einem Büro, aber nicht mehr in diesen trockenen Themen.

Ende der 1990er Jahre boomte das Wertpapiergeschäft und obwohl ich wenig Ahnung davon hatte, bekam ich bei einem der damals noch neu in diesem Bereich tätigen Online-Broker einen Job in der telefonischen Kundenbetreuung.

Das hat mir riesigen Spaß gemacht.

Ich merkte, wie gut ich mit Kunden über dieses Medium kommunizieren konnte und war ganz begeistert von den vielen positiven Feedbacks, die ich für meine Arbeit bekam. Durch einen Wechsel zu einer anderen Bank eröffneten sich mir plötzlich noch ganz andere Möglichkeiten.

Ich unterstützte neue Kollegen während der Einarbeitung und hatte mittlerweile schon so viel mehr Selbstbewusstsein, dass ich mich für immer mehr zusätzliche Tätigkeiten anbot oder dafür angefragt wurde.

In dieser Phase begann das Feuer für eine Tätigkeit als Coach oder Trainer in mir zu brennen.

Es sollten allerdings erst noch einige andere Herausforderungen auf mich warten. Keine Angst! In den weiteren Teilen dieses Buchs gebe ich dir Impulse für DEIN Selbstbewusstsein mit.

Erstmal wurde ich nun Teamleiterin.

Nicht, weil **ich** auf diese Idee gekommen wäre.

Es gab wieder mal Menschen in meinem Umfeld, die im Gegensatz zu mir selbst, mehr Potenzial in mir erkannten.

Also setzte ich mich in einem Bewerbungsprozess gegen andere, nur männliche, Bewerber durch.

Ich sollte die nächsten 16 Jahre einen Job machen, von dem ich nie für möglich gehalten hätte, dass ich das kann und dass mir das Spaß machen würde.

Diese Zeit hat für mich so wahnsinnig viel verändert, mich oft an meine Grenzen gebracht, mir aber auch ganz viel gegeben. Ich konnte meine emphatischen Fähigkeiten in der Mitarbeiterführung einsetzen und lernte mit Anfeindungen, die leider nicht ausblieben, umzugehen. Irgendwann konnte ich auch hier die Engel sehen, die mich in meinem Wachstum unterstützten.

Ich blieb nie wirklich stehen in diesen Jahren, suchte mir immer wieder zusätzliche Herausforderungen. Bildete mich zum Systemischen Coach weiter. Unterstützte meinen Chef in vielen Bereichen und entwickelte Mitarbeiter weiter, die dazu bereit waren. Auch, wenn sie es anfangs, genau wie ich damals, für sich selbst oft erstmal nicht erkannten...

Ich durfte viel erleben, auf Konferenzen, in Seminaren und auch innerhalb meines Teams. Nicht nur in dem Team, das ich führte, sondern auch im Kollegenkreis.

Nach insgesamt 20 Jahren habe ich mich im Zuge eines Transformationsprozesses aus diesem Unternehmen verabschiedet. Nach einer so langen Zeit dreht man sich nicht einfach um, sagt Danke und das war's.

Es braucht Zeit, um zu verstehen, was da passiert ist.
Es braucht Zeit, um Abschied zu nehmen, von einer Tätigkeit, die Spaß gemacht hat, von Menschen, die schon lange zu meinem sozialen Umfeld gehörten, von der vermeintlichen Sicherheit.

Aber auch von der Enge eines Korsetts, das teilweise so eng geschnürt war und damit neue kreative Impulse oder den Mut, einfach auszusteigen, fast unmöglich gemacht hatte.

Ich war schön eingekuschelt in diese Tätigkeit, in dieses Unternehmen, in diese Sicherheit.

So ist, einige Monate nach meinem Ausstieg, dieses Gedicht entstanden.

Transformation

20 Jahre
viel erlebt, viel bewegt
hoch und runter, hoch und runter

Neue Ziele, neue Leader
auch für mich?
Euphorie, tiefes Loch
neue Hoffnung, vielleicht ja doch!
hin und her, hin und her

Am Ende,
doch das Ende

transformiert

Susanne Sternecker

Der Tritt, den mir das Universum mit dem für mich ungeplanten Transformationsprozess des Unternehmens
verpasste, war mehr als deutlich. Komm in Bewegung!

Was willst du wirklich vom Leben?

Wo sind deine Träume?

Und das ist meine Motivation für dieses Buch.

Es ist das Ergebnis eines nicht nur geraden Lebens-
wegs, der mich aber genau hierhergebracht hat, dir
meine Geschichte zu erzählen.

Ich erzähle sie dir, um dir Mut zu machen.

Mut, auch in schwierigen Situationen die Gewissheit zu
behalten, dass das Leben es immer nur gut mit dir
meint.

Das heißt nicht immer nur Sonnenschein, das heißt
nicht immer nur easy going. Gerade deshalb ist es aber
auch so wertvoll.

Damit bin ich in den letzten 30 Jahren immer weiter emotional gewachsen. Noch vor wenigen Jahren hätte ich mich sicher nicht getraut, ein Buch zu schreiben. Wer sollte sich dafür interessieren, was ich zu sagen habe, und was denken dann alle über mich?

Und merkst du was? Solche Fragen habe ich mir auch als Kind schon gestellt. Vielleicht geht es dir genauso. Dass du alte Muster erkennst, die NOCH aktiv in dir sind. Und dass du bereit bist, das zu ändern.

Ich bin heilfroh und unendlich dankbar, dass ich jetzt ein ganzes Stück weiter bin.

Dadurch hat sich auch mein privates Umfeld verändert. Ich spreche, alleine durch mein Auftreten, mittlerweile Menschen anders an. Und vor allem spreche ich andere Menschen an.

Mein Weg war sicher nicht immer leicht, aber ich weiß genau, dass es das für mich gebraucht hat und alles zur rechten Zeit passierte.

Natürlich habe ich mit manchen Umständen gehadert und hatte das Gefühl, dass mein Leben in vielen Bereichen einfach unperfekt oder ungerecht ist.
Aber genau das ist es nicht!
Immer dann, wenn du denkst, irgendwas ist unperfekt, ist es wahrscheinlich das perfekteste Timing für dein Wachstumstempo überhaupt.

Ich habe mir dieses Leben ausgesucht. Und du dir deins.

Mit all den Menschen, Situationen und Gefühlen, die meine Seele zum Wachsen nötig hat.

Es hätte nicht besser laufen können, auch wenn sich das oft nicht so anfühlte.

Mit diesem Verständnis durfte das Hadern aufhören.

Keine Gedankenschleife darüber, was mir andere oder ich mir selbst antue oder angetan habe.

Das bedeutet echte Freiheit für mich!

Ich bin schon sehr gespannt, was noch alles auf mich wartet. Und ganz besonders freue ich mich, dich ein Stück auf deinem Weg begleiten zu dürfen, indem du jetzt nämlich dieses Buch in deinen Händen hältst.

Vielleicht interessiert dich die Geschichte, die hinter meinem Motorrad-Cover steht.

Meine ganz persönliche Reise. Mein Blick zurück in den Spiegel – für DEINEN Mut, dein unperfekt perfektes Leben zu leben.

Ganz viel Spaß beim Lesen!

„Gelassen, mutig und gespannt

blicke ich in meine Zukunft.

JEDE RICHTUNG STIMMT!"

Susanne Sternecker

2. Teil -

DEIN Spiegel

Dein Leben ist perfekt, auch wenn du es

(noch) anders siehst.

What the hell is perfect?

„Perfektionismus ist ein psychologisches Konstrukt, das versucht, übertriebenes Streben nach möglicher Perfektion und Fehlervermeidung zu erklären. Eine einheitliche Definition existiert nicht." (Wikipedia, 2021)

Wie kann es sein, dass uns ein Wort, für das es eigentlich gar keine richtige Erklärung gibt, so sehr im Griff hat? Schon als Kinder werden wir damit konfrontiert, Dinge perfekt zu machen. Spätestens mit dem Eintritt in die Schule wird das an bestimmten Maßstäben festgemacht, die die Bewertung eigener Kreationen oder Leistungen möglich machen und in einer Benotung manifestiert werden. Leider auch in einem Fach wie Kunst, das absolut nichts mit Perfektion zu tun hat, sondern ganz eigenen Spielregeln, nämlich denen der Seele des Künstlers, folgt.

Die Entdeckung und Anerkennung junger Künstler, wie z.B. Mikail Akar, der 2012 geboren und schon mit sieben Jahren als internationaler, abstrakter Künstler anerkannt war, ist eine absolute Ausnahme. Statt der Kunst des Kindes Raum zur eigenwilligen Entfaltung zu geben, wird sie mit Techniken und bevormundenden Aufgaben in Rahmen gepresst.

Ich weiß, dass ganz viele Eltern, zu denen ich natürlich auch gehöre, stolz auf die zu Papier oder auf Leinwand gebrachten Ideen ihrer Kleinen sind bzw. waren. Die Kunstwerke wurden Zuhause gerahmt, aufgehängt oder auf jeden Fall aufbewahrt. In den wenigsten Fällen haben jedoch die Meisterwerke die eigenen vier Wände verlassen.

Werbung oder die Medien suggerieren uns am laufenden Band, dass Perfektion etwas ganz Wichtiges, Erstrebenswertes und normal ist. Da werden beispielsweise Fahrzeuge in Perfektion gefertigt und sind eigentlich in dem Moment, in dem sie vom Band laufen, schon wieder auf einem veralteten Stand. Entwicklung bleibt, zum Glück, nicht stehen. Formattitel wie „Das **perfekte** Dinner" vermitteln sowohl den Teilnehmern als auch den Zuschauern, dass es sowas wie das perfekte Dinner tatsächlich geben kann. In diesen wöchentlichen Runden befinden sich normalerweise fünf Personen, die oft unterschiedlicher nicht sein können. Sie haben jeder für sich ganz eigene Vorstellungen davon, wie ein Gericht schmecken und wie die Zutaten kombiniert sein sollten, wie der perfekte Gastgeber oder die perfekte Tischdekoration aussehen muss. Deshalb ist es auch nicht verwunderlich, dass es selten Gewinner mit voller Punktzahl gibt.

Niemand würde die Perfektion

eines Fingerabdrucks in Frage

stellen.

Susanne Sternecker

Wir können die Liste der Dinge, die wir als Vorbilder für Perfektion im Laufe unseres Lebens kennenlernen, wahrscheinlich endlos führen. Aber, sind diese unbewussten „Vorbilder" wirklich wichtig?

Wie kommt es, dass wir das, was wir tun und sind, immer vergleichen? Manchmal ein Leben lang.

Wir wurden so groß, dass es völlig normal ist, uns immer in Frage zu stellen und alles noch besser machen zu müssen.

Dabei sind wir doch, wenn wir diese Welt betreten, einfach nur perfekt.

Es ist das Besondere, das jeden von uns einzigartig macht. Wie ein Fingerabdruck. Niemand würde die Perfektion eines Fingerabdrucks in Frage stellen. Er ist wie er ist. Einzigartig. Und genau das ist auch der ganze

Mensch. Einzigartig! In seiner Art zu sein, zu lachen, zu träumen, zu sprechen...

Dennoch hadern wir oft mit uns und wollen sein wie andere, die in unseren Augen schöner lachen, sich geschmeidiger bewegen, erfolgreicher, reicher und vor allem glücklicher sind als wir.

Aber sind sie das wirklich?

Meistens beschäftigen sich gerade die Menschen, von denen wir denken, sie hätten diese Vergleiche nicht im Kopf, mit genau den gleichen Themen und vergleichen wie jeder andere auch.

Am Ende sitzt auch dieser geschmeidig-schön-glückliche Mensch da und hat das Gefühl, noch besser sein zu können oder etwas nicht zu haben, das der andere hat...

Wie kommst **du** jetzt raus aus dieser Schleife, immer besser sein zu wollen, und schaffst es, dich selbst anzuerkennen in deiner Besonderheit?

Wie kannst **du** rausfinden, wie andere dich wahrnehmen?

Eine wirklich tolle Möglichkeit ist, andere einfach mal zu fragen. Zu fragen, was sie besonders an dir schätzen, wo Dinge, die du für sie getan hast, hilfreich waren.

Aus eigener Erfahrung weiß ich, dass viele Menschen wahnsinnig hilfsbereit sind und andere durch ihre tollen Ideen weiterbringen, aber nie darüber sprechen, sich nicht trauen, Feedback einzuholen.

Probier's mal aus und ich kann nur sagen, mich hat das umgehauen und zu Tränen gerührt. Und es hat so gutgetan!

Sich dazu zu bewegen ist, vor allem, wenn man das noch nie gemacht hat, wirklich mit viel Überwindung verbunden. Schau dich in deiner direkten Umgebung um.

Wem vertraust du?

Wessen Meinung ist dir wichtig?

Die Feedbacks, die ich aufgrund dieser zwei Fragen, die du gleich im Anschluss findest, von Freunden, ehemaligen Kollegen und Mitarbeitern bekommen habe, sind für mich unbezahlbar!

Take your Chance

Suche dir zwei oder drei Menschen in deinem Umfeld aus, denen du folgende Fragen stellst:

- Was fällt dir ein, wenn du an mich und unsere Gespräche denkst?

- Welche großen Veränderungen hast du durch mich bzw. mit mir erfahren (3 Beispiele)?

Glaub das, was du zurückbekommst!

Es ist dein Geschenk. Es ist dein

Entscheide dich und alles ist richtig -auch, wenn's erstmal anders aussieht

Ich glaube daran, dass jeder von uns perfekt ist! Ich meine damit, perfekt zum **jeweiligen** Zeitpunkt und mit den Möglichkeiten, die er genau in diesem Moment seines Lebens hat.

Wir treffen Entscheidungen aus dem Wissen oder dem Gefühl heraus, dass sie genau in diesem Augenblick die einzig richtigen sind. Ansonsten würden wir sie nicht treffen. Wüssten wir **immer** um diesen Umstand, müssten wir uns nicht für irgendwelche Entscheidungen oder das, was wir Fehler nennen, die wir vermeintlich gemacht haben, entschuldigen. Wir müssten uns nicht darüber ärgern oder, noch schlimmer, dafür schämen. Es fiele uns viel leichter Entscheidungen zu

treffen, weil wir wüssten, dass sie nicht für die Ewigkeit sind.

Unser Leben ist von Anfang bis Ende ein Prozess, in dem wir in jedem Augenblick neue Erfahrungen machen, neue Eindrücke sammeln und uns dadurch ständig weiterentwickeln und verändern. Für mich war das eine coole Erkenntnis, denn es bedeutete, dass es sowas wie die perfekte Entscheidung nicht gibt bzw. dass sie immer perfekt ist.

Rückblickend hat sich jede meiner Entscheidungen, auch wenn sich das anfangs nicht so angefühlt hat, immer positiv entwickelt. Mein persönlicher Weg war, gerade was meine Beziehungen angeht, oft nicht einfach. Ich gehöre nicht zu den Menschen, die schon im Kindergarten den Seelenverwandten gefunden haben und mit nur einem Partner durchs Leben gehen.

Die Entscheidung, eine Beziehung zu beenden, ist immer schwierig. Meistens hängt nicht nur das eigene Leben dran, sondern es sind, wie auch in meinem Fall, Kinder betroffen.

Wir haben damals den Spagat zwischen *wir sind kein Paar mehr* und *bleiben aber Eltern* sehr gut geschafft. Darauf sind wir stolz und froh, dass uns diese Aufgabe gelungen ist. Heute sind wir sehr gute Freunde und auch mit unseren jeweils neuen Partnern ist es ein ganz entspannter Umgang. Leicht waren die Entscheidungen, die damit verbunden waren, trotzdem nicht.

Ich habe sie nicht leichtfertig getroffen. Anfangs hatte ich große Sorge, dass unsere Kinder dadurch leiden – und am Anfang haben sie das auch.

Rückblickend war es dennoch das Beste, das wir für uns alle tun konnten.

Denn es geht uns allen gut.

Natürlich weiß ich nicht, wie unser Leben verlaufen wäre, hätten wir damals anders entschieden.

Und das ist auch völlig egal.

Niemand kann mir – oder dir – sagen, *was passiert wäre, wenn.*

Und das ist auch gut so.

Die Frage danach kannst du loslassen, wenn du bis hierher aufmerksam gelesen hast und bereit bist, dein unperfektes Leben endlich perfekt zu finden.

In Frieden mit dir zu sein.

Tiefes Glück zu empfinden.

Niemand kann mir – oder dir –

sagen, was passiert wäre, wenn.

Und das ist auch gut so.

Susanne Sternecker

Wir kommen immer wieder in Situationen, in denen es wichtig ist, zu entscheiden, und entscheiden wir nicht, haben wir auch entschieden.

Nämlich, dass alles bleibt, wie es ist, solange niemand anderes Entscheidungen trifft.

Auch das ist legitim.

Du darfst es dir nur bewusst machen.

Niemand kann uns vorschreiben, wie wir entscheiden.

Gehen wir aktiv auf eine Situation zu oder lassen wir manches einfach so weiterlaufen, wie es läuft?

Es liegt in unserer Verantwortung. Auch dann, wenn uns das Leben oder ein anderer Mensch zuvorzukommen scheint.

Wir haben einen Augenblick früher ja die Wahl getroffen, selbst nicht aktiv zu werden.

Wir können die Verantwortung für unser Leben nie, nie, niemals abgeben.

Wenn ich in einem ungeliebten Job arbeite, weil ich dort vermeintlich finanziell abgesichert bin, mich die Arbeit aber nicht erfüllt und vielleicht sogar krank macht, kann ich nicht meinen Arbeitgeber oder die Kollegen dafür verantwortlich machen.

Wenn ich bleibe, entscheide ICH mich dafür.

Natürlich weiß ich aus eigener Erfahrung, dass es aus wirtschaftlichen Gründen manchmal nicht einfach ist, einen Job zu wechseln. Es geht aber auch nicht darum, ob etwas schwer oder einfach ist, sondern nur um das Bewusstsein darüber, dass wir unser Leben jederzeit in weiten Teilen selbst in der Hand haben.

Wenn ich mir dessen bewusst bin und das für mich auch ganz klar benennen kann, bin ich nicht mehr in der Opferrolle, sondern bin mir über das Warum ganz klar und muss damit nicht mehr hadern. Die Kunst ist, sich einzugestehen, dass es für einen selbst gute Gründe gibt oder gab, so entschieden zu haben, egal was andere sagen oder darüber denken.

Es gibt auch Situationen, in die lassen wir uns von anderen drängen. Ich hatte, während meiner Zeit als Führungskraft, mal die Möglichkeit einen Schritt nach oben zu machen. Mich auf eine nächsthöhere Position zu bewerben. Aus meinem ersten Impuls heraus war ich total begeistert, wollte ich unbedingt diesen Job haben. Im zweiten Step war für mich dann aber klar, dass diese Position jemand anderes bekommen wird.
Warum mich also diesem Stress aussetzen?
Meine Entscheidung, mich nicht zu bewerben, war erstmal getroffen.
Ich wurde von allen möglichen Seiten bedrängt, mich auf jeden Fall bewerben zu müssen. Zu zeigen, dass ich auch da bin.

Ich wollte das aber gar nicht.

Ich hatte für mich ja schon entschieden.

Tatsächlich ließ ich mich überreden, bewarb mich, stieg in den Ring und spielte ein Spiel mit, das nicht meins war. Und es passierte genau das, was mir vorher schon klar gewesen war. Diese Entscheidung für den anderen Kollegen war für mich vollkommen in Ordnung.

Das Learning war klar: Ich darf mich noch mehr auf meinen Bauch verlassen.

Mein Bauch hatte mir ganz deutlich signalisiert, dass ich mich nicht bewerben will.

Ich hatte ihn, wieder mal, übergangen und das, obwohl er einfach immer Recht hat.

Das ist nicht schlimm, auch wenn es für mich ein kleiner Rückschritt war, obwohl ich es mir schon so oft vorgenommen und auch umgesetzt habe, auf meine innere Stimme zu hören.

Kennst du das auch? Ich kann dich beruhigen: Nur, weil wir etwas längst besser wissen, heißt ein Mini-Rückschritt keinen Quantensprung zurückzufallen.

Unsere innere Stimme ist sehr geduldig mit uns.

Sie ist uns auch nicht böse, wenn wir sie mal überhören.

Sie probiert's einfach immer wieder.

Take your Chance

- Überlege dir drei Situationen aus den letzten beiden Jahren, in denen du eine gravierende Entscheidung getroffen hast oder von anderen entschieden wurdest.

- Wie fühlt sich das heute an?

- Was hat sich für dich verändert?

- Welche positiven Folgen hatte das?

- Wo hast du zuletzt auf deine innere Stimme gehört – und sie hatte Recht? Möchte sie dir heute etwas sagen?

- Notiere dir alles, was dir dazu einfällt

Und immer wenn wir lachen, stirbt irgendwo ein Problem

Lachen ist die beste Medizin, sagt man, und Studien zeigen, dass beim Lachen Endorphine, also Glückshormone, ausgeschüttet und Stresshormone unterdrückt werden. Das baut nicht nur Stress ab, sondern stärkt zusätzlich unser Immunsystem. Kommen wir in eine Situation, in der wir uns über uns selbst ärgern, weil wir einen vermeintlichen Fehler gemacht haben, steigt der Pegel an Stresshormonen und führt langfristig zu körperlichen Krankheiten. Was aber, wenn wir über diesen „Fehler" einfach lachen könnten?

Ich mache mal ein einfaches Beispiel, weil ich selbst schon ganz unterschiedlich auf meine „Fehler" reagiert habe. Folgende Situation darfst du dir ausmalen:

Ich habe Gäste und natürlich möchte ich alles perfekt haben. Das beginnt bei einer aufgeräumten und sauberen Wohnung, über gutes Essen und eine schöne Tischdekoration.

Beim Einschenken der Getränke stoße ich aus Versehen an ein Glas, dessen Inhalt sich über meine wundervoll drapierte Tischdekoration ergießt…

Meine schöne Tischdekoration ist dahin, alles schwimmt, im besten Fall war es nur Wasser.

Jetzt habe ich zwei Möglichkeiten. Entweder schimpfe ich mich für meine Ungeschicktheit, ärgere mich, dass ich nicht aufgepasst habe, und verderbe mir und damit auch meinen Gästen den Abend. Oder ich nehme es mit Humor, fange an zu lachen, hole ein Tuch und dekoriere den Tisch einfach etwas um.

Was glaubst du, womit sich meine Gäste und ich wohler fühlen?

Natürlich geht's allen besser, wenn ich darüber lache. Es ist ja sowieso passiert. Wieso also nicht den meistens für alle Anwesenden entspannteren und glücklicheren Weg wählen?

Die missratene Tischdeko ist nur ein Beispiel von vielen, denn ich könnte wetten, dass auch du schon Situationen hattest, in denen du dir selbst den Abend oder Tag verdorben hast, weil du einem Missgeschick deinen Missmut darüber hinzugefügt hast, statt es einfach mit Leichtigkeit zu nehmen.

Auch Gedanken wie: *„Was sollen denn jetzt die anderen von mir denken?"*, unterstützen unseren inneren Druck einfach nur und bringen uns noch mehr aus dem Gleichgewicht.

Was die anderen von uns denken, ist das Problem der anderen, nicht unseres. Wir können deren Denken nicht beeinflussen oder ändern. Genauso wenig wie sie unseres. Wir können sie mit unserer eigenen Leichtigkeit nur einladen, auch mehr Leichtigkeit zu empfinden. Was sie draus machen, liegt nicht in unserer Hand.

Noch eine kleine Anekdote aus meinem bunten Fehlerrepertoire – einfach, weil's Spaß macht.

Für die nächste Anekdote hätte ich mich für total dämlich erklären können und mich dafür schimpfen, dass ich nicht richtig aufgepasst hatte. Aber... warum hätte ich das tun sollen? Ich habe mich stattdessen den ganzen Tag köstlich über die Situation amüsiert und mich so noch mehr entspannt als ohne sie.

Vor einiger Zeit stand ich nämlich morgens im Bad und wollte gerade mein Gesicht mit einem Gel verwöhnen.

Da ich genau in den Momenten, wo so ganz automatische Abläufe passieren, meine Gedanken schweifen lasse und oft auch gute Ideen entwickle, bemerkte ich nicht, dass ich die falsche Flasche in die Hand nahm und statt eines kühlenden Gels ein nährendes Haaröl ins Gesicht schmierte.

Ich war zwar gleich von der ungewohnten Konsistenz irritiert, brauchte aber einen Moment, um zu verstehen, was mir da gerade passiert war.
Ja und dann... lachte ich aus vollem Hals, weil diese Situation einfach zu komisch war.

Lasst uns lockerer mit unseren vermeintlichen Fehlern umgehen.

Dann, wenn dir die Milch überkocht, es schrecklich mieft und du den Herd putzen musst.

Dann, wenn du dich in einem Vortrag kurz versprichst und korrigieren musst.

Dann, wenn du deinen Viertklässler-Kids nicht beim Bruchrechnen helfen kannst, ohne es nachzulesen.

Und so wie wir für uns diese kleinen Fehler machen und drüber lachen dürfen, können wir das auch anderen zugestehen.

Unserer Familie zum Beispiel, wenn sie wieder 15 Minuten zu spät zur Fete kommt, weil sie wiederholt schlauer waren als das Navi und zum zehnten Mal die falsche Route genommen haben.

Den Kollegen oder dem Chef, der einen Videocall verschlafen hat, der jetzt gar nicht so unendlich wichtig war.

Und der Verkäuferin im Supermarkt, die trotz einer Weile Einarbeitung noch nicht jeden Gemüsestrich-code des Ladens kennt...

Wenn wir lockerer damit umgehen, fühlen sich auch andere Menschen in unserer Umgebung nicht mehr schlecht, wenn ihnen mal was passiert.

Wäre das Leben nicht viel, viel leichter, wenn wir einfach mehr gemeinsam lachen würden?

Take your Chance

- Finde ein oder auch mehrere Bilder, Postkarten oder Ähnliches, was dich ans Lachen erinnert

- Platziere sie so, dass du sie möglichst oft am Tag sehen kannst (Spiegel, Kühlschranktür...)

- Wenn du bemerkst, dass du es schon nicht mehr wahrnimmst, tausche sie aus

- In einer vermeintlichen Fehlersituation halte kurz inne und fang dann an zu lächeln oder lachen – das kann sich am Anfang komisch anfühlen, macht aber nix

Sag nicht vielleicht, wenn du NEIN fühlst

Ich kann nicht mehr zählen, wie oft ich von Vorgesetzten, Kollegen, Freunden oder auch meiner Familie die Empfehlung bekommen habe, doch auch mal „Nein" zu sagen. Nicht immer alles für jeden möglich zu machen und auch mal an mich selbst zu denken – denn das war das eigentliche Problem, nicht, dass ich gerne helfe.

Allerdings sagt sich das immer so leicht, wenn's doch ganz selbstverständlich zu meiner Art von Begegnung gehört, hilfsbereit zu sein. Kennst du das?
Interessanterweise sind es oft die gleichen Menschen, die mich um meine Unterstützung bitten. Mir ist ganz lange gar nicht aufgefallen, dass ich immer wieder über meine Grenzen ging, um anderen zu helfen.

Ein akuter Burn-Out hat mich dann vor einigen Jahren ziemlich unsanft auf mich selbst zurückgeworfen. Da entschied also das Leben mal für mich.

In den Monaten danach, durch die ich glücklicherweise nicht alleine gegangen bin, sondern unterstützt durch meine Familie und durch professionelle Hilfe, durfte ich für mich ausprobieren, wie es sich anfühlt auch mal „Nein" zu sagen.
Mir kam entgegen, dass mein Umfeld nach so einem herben Einschlag plötzlich achtsamer mit mir umging.

In dieser Zeit lernte ich, dass nichts Schlimmes passiert, wenn ich nicht immer, rund um die Uhr, für jeden zur Verfügung stehe. Hast du dir schon mal erlaubt, diese Erfahrung zu machen?

Für mich war das ein hartes Stück Arbeit. Denn Gewohnheiten legt man nicht von heute auf morgen einfach mal so ab. Abgesehen davon braucht es Achtsamkeit mit sich selbst, um zu erkennen, wenn man mal wieder in ein altes Muster verfällt.

Dafür brauchte es immer wieder Reflexion und liebe Menschen, die mich an meine Grenzen und das Vorhaben, sie zu wahren, erinnerten.

Was außerdem noch ganz wichtig war, war Übung.

Am Anfang fühlte ich mich nämlich richtig schlecht damit, zu sagen, dass ich keine Zeit hatte oder es mir gerade zu viel war.

Da waren nicht gleich die große Erlösung und Leichtigkeit präsent.

Heute ist das anders.

Nicht nur ich habe mich an den neuen Umgang mit mir selbst gewöhnt.

Auch mein Umfeld geht anders mit mir um.

Heute wird ganz selbstverständlich akzeptiert, dass ich nicht immer gleich Zeit habe.

Vielleicht hätte das früher auch schon geklappt.

In meiner Wahrnehmung war es aber nicht so.

Ich hatte immer das Gefühl, dass ständige Verfügbarkeit von mir erwartet wird.

So bin ich eben auch aufgewachsen.

Meine Eltern und Großeltern haben mir das genauso vorgelebt. Da wurde immer alles möglich gemacht, auch wenn es in Stress ausartete.

Vielleicht kommt dir das bekannt vor...

Ich bin aus diesem Muster ausgebrochen und ich habe auch meine Kinder dazu motiviert, trotzdem ich es für mich selbst noch nicht leben konnte, ein anderes Bewusstsein für sich selbst zu entwickeln.

Wenn gegenseitige Unterstützung notwendig ist, werden Termine vereinbart, die für alle passen. Akute Notfälle sind ja immer die Ausnahme und trotzdem selbstverständlich.

Termine und Absprachen sind nur ein Beispiel für gesunde Grenzen, hier kommt noch ein ganz alltägliches Beispiel, mit dem du deine eigenen Fähigkeiten, Grenzen zu setzen, hinterfragen kannst:

In meinem Bekanntenkreis gibt es Leute, die häufig irgendwelche Sachen über die sozialen Medien teilen. Da werden Bilder, Links und irgendwelche Sprüche geteilt, die manchmal lustig, oft aber auch einfach nur unter der Gürtellinie und provokant sind oder nicht meinem Geschmack entsprechen. Solange das nicht persönlich, sondern bei Instagram, in einem WhatsApp Status oder Ähnliches veröffentlicht wird, gefällt mir das vielleicht nicht, aber ich muss es mir ja nicht ansehen.

Bekomme ich solche Sachen persönlich zugeschickt, kann ich sehr wohl auch an dieser Stelle mal ein „Nein, danke" zurückmelden.

Auch du darfst schon in solchen Momenten für dich Grenzen setzen.

Fast immer werden diese akzeptiert, wenn wir sie nur mal aussprechen. Und ja, es gibt immer Leute, die sich dann erklären und von ihrem Humor oder ihren Ansichten überzeugen wollen.

Darauf muss niemand intensiv einsteigen. Du also auch nicht.

Meistens jedoch bleiben humorlose Bilder oder provokante Zitate künftig einfach aus – und du hast wieder mehr Frieden für dich und deinen Alltag gewonnen.

Take your Chance

- In welchen Situationen würdest du gerne mal Nein sagen?

- Was hält dich (noch) davon ab?

- Such dir eine Situation aus und teste, was passiert, wenn du es doch tust. Am besten bei einer Person, die du gut kennst und von der du weißt, dass es kein Drama wird. **Auch wenn das Drama nur in dir entsteht!** Dein Übungsplatz darf trotzdem leicht und dennoch ungewohnt sein.

- Reflektiere anschließend: Welche Erfahrung hast du gemacht?

- Wie fühlt sich das an? Und wie noch? Meistens gibt es mehrere Aspekte und wir sehen gerne nur einen.

Echt jetzt...?! Wenn alles anders kommt, als du denkst.

Es gibt so Tage, da frag ich mich, wofür eigentlich überhaupt noch einen Plan machen, denn es kommt eh anders als gedacht. Das versetzt mich teilweise in Stress und macht mich ärgerlich – kennst du, oder? Dabei ist dieses Kapitel in genau so einer Situation entstanden.

Während einer Reha wurde für mich ein spontaner Arzttermin geplant und ich sollte in meinem Zimmer auf den Anruf warten, der mich ins Arztzimmer bestellen sollte. Eigentlich hätte mir das zeitlich gut in den restlichen Tag gepasst.

Allerdings kam der Anruf nicht.

Nach einer knappen Stunde und nachdem der erste Folgetermin bereits nicht mehr einzuhalten war, fragte ich nach, wie lange es denn noch dauern sollte. Leider hatte es eine Terminkollision gegeben und ich sollte mich bitte noch einmal für eine Weile gedulden.

Und so tigerte ich Anfang Dezember bei strahlend blauem Himmel in Outdoorklamotten und Wanderschuhen durch mein 15 qm großes Zimmer, denn eigentlich war mein Plan gewesen, draußen, nicht in diesem Zimmer, in der Natur, nicht in diesem Zimmer, bei Sonnenschein, nicht im Dunkeln, laufend, nicht wartend, mein Leben zu genießen.

Mein Ärgernis-Pegel stieg und ich merkte auch körperlich, wie mich diese Situation stresste. Während meine Gedanken sich mit dieser Unverschämtheit und dem Ausgeliefertsein beschäftigten, kam irgendwann der Impuls, dass es solche Situationen schon häufiger in meinem Leben gegeben hatte und es als Thema auch gut in mein Buch passen würde. Diesem Impuls bin ich gefolgt, setzte mich an meinen Laptop und begann zu schreiben.

Im Nachhinein fand ich es nicht mehr so schlimm, dass diese, von außen aufgedrückte, Beeinflussung meiner Pläne, passiert war.

Ich nahm die Chance an und haderte nicht mehr, sondern kam in eine alternative Bewegung. In diesem Fall in die mentale Bewegung. Dieser Impuls hat mir unglaublich gutgetan.

Denn was ist meine erste Reaktion auf die Fremdbestimmung gewesen?

Eine Bewertung.

Ich konnte die Situation nicht rational oder einfach so, wie sie war, sehen, sondern gab ihr eine persönliche

Bewertung. Ganz neutral betrachtet ist eine Unplanmäßigkeit eben genau das. Ob das schlecht oder gut ist, entscheiden wir in unseren Köpfen.

Solche Störungen oder Beeinflussungen von außen gehören zu unser aller Leben dazu. Auch wenn sie sich nicht vorher ankündigen und meistens alles durcheinanderbringen, sind sie eben doch ein Teil des Lebens und geben uns die Möglichkeit, Dinge auch aus anderen Perspektiven zu sehen, neue Erfahrungen zu machen, neue Menschen kennenzulernen oder eine hilfreiche Begegnung zu haben, die anders möglicherweise nicht zustande gekommen wäre.

Wir dürfen diese Gelegenheiten nur erkennen und nicht unaufhörlich nach dem Warum fragen.

Auch mir passiert das immer wieder. Als Coach weiß ich, dass die Frage nach dem Warum eher kontraproduktiv ist, denn was hilft es mir zu wissen, warum etwas passiert? Viel interessanter ist doch: Wie gehe ich mit der Situation um?

Welchen Vorteil könnte ich aus dieser fremdbestimmten Umplanung ziehen? Gibt es überhaupt einen Vorteil? Und wer entscheidet, ob es ein Vorteil ist oder nicht?

Im ersten Moment passiert es mir manchmal, dass ich den anderen die Schuld zuschiebe, dass sie mir meine Pläne durchkreuzt haben. Dann bin ich nicht mehr die Bestimmerin über mein eigenes Leben, über meine Zeit ja sowieso nicht und ich kann mich in dieser Opferhaltung ganz gemütlich einkuscheln.

Ist ja schließlich nicht meine Schuld, wenn die anderen meine Pläne über den Haufen schmeißen.

Lasse ich mich drauf ein, die anderen loszulassen, kann ich mir die Frage stellen, was ich mit dieser veränderten Situation Sinnvolles anstellen könnte. Oder vielleicht auch nichts Sinnvolles, sondern was Entspannendes oder Kreatives oder Lustiges. So wie in der Reha, als ich begann, dieses Kapitel zu schreiben.

Es braucht manchmal Impulse von außen, damit wir im Innen weiter wachsen können. Auch, wenn sie dir ungeplant alles über den Haufen werfen, liegen große Geschenke in ihnen.

Es braucht manchmal Impulse

von außen, damit wir im Innen

weiter wachsen können. Auch,

wenn sie dir ungeplant alles

über den Haufen werfen, liegen

große Geschenke in ihnen.

Susanne Sternecker

Take your Chance

- Achte in den nächsten Tagen mal aufmerksam darauf, ob es diese Unterbrechungen und ungeplanten Situationen in deinem Alltag gibt.

- Wie fühlst du dich in diesen Momenten?

- Wo im Körper spürst du sie am meisten?

- Welche Gedanken gehen dir dann durch den Kopf?

- Versuche, bewusst wahrzunehmen (Augen schließen und tief durchatmen)

- Was passiert jetzt, anstatt deiner Planung?

- Was hat sich daraus Positives ergeben – oder was kannst du daraus Positives erschaffen?

Hoppla – jetzt bist DU mal dran!

Wie fühlt sich das für dich an, wenn ich dir sage,

„DU stehst IMMER an erster Stelle!"?

Bei mir hat sich bei dieser Aussage ganz lange Widerstand gemeldet. Denn da gibt es ja meine Kinder, die immer für mich an erster Stelle stehen. Oder mein Job, der auf jeden Fall ganz wichtig ist, weil er meine Existenz sichert. Ja und dann kommen natürlich meine Eltern, mein Partner, andere Familienangehörige, Freunde usw. usw.

Kannst du das nachfühlen?

Ich habe ganz oft zurückgesteckt, mich zurückgestellt, weil das, was ich wollte oder brauchte, nicht so wichtig war. Dachte ich.

Bist du schon mal geflogen? Wenn die Flugbegleiter vor dem Start die Sicherheitseinweisung für die Passagiere durchgehen, kommen sie irgendwann zu dem Punkt, dass bei einem Druckabfall in der Kabine von oben Sauerstoffmasken für jeden Passagier hinunterfallen. Die entscheidende Aussage ist, immer erst sich selbst die Maske aufzusetzen und sich erst **danach** um Kinder oder andere Passagiere zu kümmern!

Nur wenn wir selbst gut versorgt sind, können wir uns gut um andere kümmern. Vergessen wir das, geht uns irgendwann die Luft aus, unsere Kraft schwindet und wir können weder für uns noch für andere sorgen. Das ist **überlebenswichtig**! Nicht nur im Flugzeug.

Auch im alltäglichen Leben geht uns irgendwann die Luft aus, wenn wir zu oft über unsere Grenzen gehen, nicht mehr auftanken, uns mit frischer Luft oder Energie versorgen. Für mich ist es inzwischen wichtig, regelmäßig spazieren zu gehen – so simpel und doch so effektiv und wertvoll. Am allerliebsten gehe ich in den Wald. Ich liebe es den Vögeln und dem Rascheln in den Bäumen zuzuhören. Man könnte ja meinen, das ist ein stiller Ort. Wenn man genau hinhört, ist der Wald alles andere als still. Es ist aber im Vergleich zu Lärm eine wohltuende Geräuschkulisse, die unsere ganze Aufmerksamkeit verdient. Außerdem genieße ich den moosigen Geruch, der ganz sauber und unverbraucht meine Lungen füllt und mich auftankt, ohne, dass ich irgendwas Besonderes dafür tun müsste. Ein echter Kraftort!

Auch das Meer ist für mich eine solche Energiequelle. Auf meinen Reisen zieht es mich oft dorthin und dabei ist es egal, ob Sommer oder Winter, denn es geht mir nicht in erster Linie darum, darin zu baden. Ich höre einfach gern den Wellen zu. Sie haben für mich etwas Beruhigendes und, wie im Wald, ist die Luft einfach nur wohltuend, nährend und entspannend.

Für jeden Menschen sind andere Orte, Beschäftigungen oder Erfahrungen entspannend und Kraft spendend. Wichtig ist nur, sie zu finden – und auch zu nutzen bzw. sich zu erlauben, sie regelmäßig zu besuchen.

Wichtig ist zu spüren, wann unsere Batterie leer **wird.**

Nicht nur, dass sie es bereits **ist.**

Das ist ein feiner Unterschied.

Vielleicht spürst du das beim Lesen ganz deutlich.

Sind unsere Batterien erstmal leer, brauchen wir oft lange Regenerationszeiten, intensive Urlaube, besonders viel Freiraum.

Lassen wir es gar nicht so weit kommen, reichen kurze Auszeiten im Alltag.

Wir können konstant Energie abrufen, stabiler entspannen und gehen aufgrund der stetig aufgefüllten Energie ganz anders mit unseren Mitmenschen um.

Dieses kurze Kapitel ist so kurz, weil es umso wichtiger ist. Wichtiger, dass du für dich heute entscheidest, ab jetzt deinen Batterieladestand im Blick zu halten und nicht erst aufzubrauchen, bevor du dich um ihn kümmerst. Viel Spaß und Entspannung mit deiner Chance.

Wichtig ist zu spüren, wann unsere Batterie leer wird. Nicht nur, dass sie es bereits ist.

Susanne Sternecker

Take your Chance

- Wo ist dein Kraftort? Mach dir ein oder zwei Orte bewusst, die dir nur durch bloßes Dasein Kraft geben.

- Wie oft tankst du dich bislang auf? Wie oft willst du es ab jetzt tun?

- Gibt es Zeiten, in denen du dich vergisst? Welche Warnsignale kannst du selbst für dich spüren und festlegen, noch weit bevor dein Tank leergelaufen ist?

Vielleicht bist du gar nicht nicht

mutig, sondern siehst es einfach

nicht.

Susanne Sternecker

Zeit für einen Mutausbruch

Wenn ich gefragt werde, ob ich mutig bin, antworte ich spontan immer erstmal mit „Nein". Denn: Mutig sind für mich Menschen, die sich mit einem Fallschirm aus einem Flugzeug stürzen, sich mit einem Gleitschirm durch die Lüfte bewegen oder sich vor einem Millionenpublikum auf einer Bühne präsentieren. Das sind Situationen, die in mir absolutes Unbehagen, wenn nicht sogar Panik auslösen und die ich freiwillig NIE machen möchte.

Jetzt gibt es aber in meinem Umfeld Menschen, die mir schon ganz oft gesagt haben, dass sie mich total mutig finden.
Ich bin dann meistens erstmal ziemlich verdattert und weiß gar nicht, was ich dazu sagen soll.

Positives Feedback incoming! Das System rebelliert mal kurz.

Wenn ich dann so drüber nachdenke, stimmt's aber auch. Die haben Recht. Ich bin mutig. Und du bist es sicher auch viel öfter, als du denkst, und kannst diesen Mut noch mehr aktivieren, wenn du es denn willst.

Ich bin vor einigen Jahren alleine nach Indien geflogen, um mir eine Ayurveda-Kur zu gönnen. Da werden jetzt viele denken, na, das ist doch nicht mutig.

Für mich war das damals ein großes Ding, denn ich war noch nie alleine so weit von zu Hause weg und mein Englisch ist durchaus ausbaufähig.

Trotzdem habe ich mich getraut. Und ich kann euch sagen... es war total aufregend!

Es hat auch irre viel Spaß gemacht, ich hab tolle Menschen kennengelernt und ich konnte mich richtig gut erholen.

War ich mutig? Für mich kann ich diese Frage mit einem klaren „JA" beantworten.

Denn Mut bedeutet ja auch, sich zu überwinden, oder?

Hat es mich Überwindung gekostet? Absolut!

Habe ich es bereut? Keine Sekunde!

Viele meiner Freundinnen bestätigten, dass sie das nie alleine machen würden.

Mit einer Freundin, okay.

Oder mit dem Partner, natürlich.

Aber ganz alleine? Never ever!

Grundsätzlich ist für viele Menschen Urlaub alleine etwas, was sie nicht gerne machen.

Ich liebe das.

Meiner Erfahrung nach lernt man ganz anders Menschen kennen, als wenn man als Paar oder Gruppe verreist.

Ich hatte schon so großartige Begegnungen auf Reisen.

Noch ein Beispiel für Mut ist meine Motorrad-Karriere, denn mit 18 konnte ich mir nicht beide Führerscheine leisten und auch meine Mutter fand meine Leidenschaft für schnelle Fahrzeuge, die nur zwei Räder hatten, nicht so toll.

Ich liebe es, seit ich denken kann.
Ich liebe Autofahren und ich stehe total auf Motorräder.

Gemacht habe ich den Führerschein fürs Moped dann mit 32 Jahren. Endlich!
Vorher war ich aber schon leidenschaftliche Sozia und das auch sehr gut.
Es ist nämlich nicht einfach nur hinten draufsetzen und sich fahren lassen.
Das werden alle Motorradfahrer, die schon mit Sozius gefahren sind, bestätigen.

Für diese Rolle braucht es ganz viel Vertrauen, viel mehr als der Beifahrer eines Autos es braucht und auch der Fahrer selbst muss sich auf seinen Mitfahrer anders verlassen können. Auf dem Motorrad kann ein Sozius nämlich durchaus auf das Fahrgeschehen Einfluss nehmen und das kann unter Umständen auch böse enden.

Den Führerschein hatte ich mit 32 also und auch ein Motorrad, allerdings nicht das, was ich eigentlich haben wollte. Mein damaliger Partner hatte das, aus seiner Sicht, beste Motorrad für mich ausgesucht und ich, damals noch nicht so selbstbewusst wie heute, vertraute darauf, dass er mit seiner Erfahrung sicher Recht hat. Leider hat sich ziemlich schnell herausgestellt, dass dieses Motorrad und ich keine dauerhafte Beziehung haben werden.

Der Mann und ich dann übrigens auch nicht mehr so lange, aber das ist eine andere Geschichte.

Nach einer Sonntagsausfahrt, die für mich ein kleiner Horrortrip war, entschied ich, dass es wohl für mich besser war, weiterhin die Rolle der Sozia einzunehmen, denn mit diesem für mich nicht so genialen Motorrad flammte meine Fahr-Liebe auch nicht auf und als Sozia fühlte ich mich ohnehin wohl.

Über die darauffolgenden 15 Jahre kam mir immer wieder in den Sinn, es vielleicht doch nochmal zu probieren – getan habe ich es ewig lange nicht. Kennst du das? Diese aufflackernden „Ich-könnte-mal-Wieder", für die du dann doch Gründe findest, sie nicht zu tun? Ich habe zum Beispiel meinen nicht-fahrenden Partner als Grund gesehen, selbst das Motorradfahren nicht wiederzubeleben.

Und wie das in meinem Leben so ist, sollte auch dieser Partner irgendwann nicht mehr an meiner Seite sein und einige Monate später lernte ich einen absolut leidenschaftlichen Biker kennen.

Ups. Da hatte das Universum irgendwie auch Humor...

Mit ihm bin ich dem Motorradfahren wieder ganz nah gekommen und ich kann mich noch an unsere erste gemeinsame Reise erinnern. Die ersten beiden Stunden auf dem Motorrad Richtung Süden wich mir mein breites Grinsen nicht mehr aus dem Gesicht.

Trockener Mund durch Fahrtwind hin oder her.

Es wollte gar nicht mehr aufhören!

Ich befürchtete schon, dass sich durch das breite Grinsen mein Helm nicht mehr würde abnehmen lassen.

Ich habe mich so frei und unbeschreiblich glücklich gefühlt.

Ein Jahr später stand mein eigenes Motorrad vor der Tür und was soll ich sagen, es war genau das Motorrad, das ich mir schon 18 Jahre vorher gern gekauft hätte. Jetzt hatte ich meinen Traum verwirklicht und nahm mir die Zeit, es mein neues Normal werden zu lassen, und mich auf ihm wohlfühlen. Auch auf zwei Rädern sicher zu sein, nicht nur auf vier.

Damit das Vertrauen und die Praxis einen Schub bekommen, entschlossen wir uns einen zweiwöchigen Motorradurlaub durch einen Teil Europas zu machen.

Um dich auf meiner Zeitlinie nochmal abzuholen: Da war ich 52.

In diesen beiden Wochen bin ich 3.000 Kilometer gefahren.

3.000 Kilometer sind verdammt viele Kilometer.

Auch, wenn sie dein Traum sind.

War das immer schön? Definitiv nicht!

Die ersten Tage waren wahnsinnig anstrengend und haben mich an Punkte gebracht, an denen ich dachte, ich kann nicht mehr und ich will auch nicht mehr!

Sie haben mich irre viel Kraft gekostet und ich kann bestätigen, auch wenn man nur auf dem Motorrad sitzt und vermeintlich nur dieses die Arbeit tun lässt, verbraucht man selbst doch enorm viele Kalorien.

Was hat diese Geschichte jetzt mit mutig sein zu tun?

Viele Menschen, die ich kenne, sagten mir, dass sie es total mutig fanden, mit Anfang 50 nochmal so ein Abenteuer zu wagen. Für sie ist schon die Vorstellung, sich überhaupt auf ein Motorrad zu setzen, unvorstellbar. Mein Partner aber, der lieber Motorrad fährt, als zu laufen, für den dieses Gefährt schon fast Teil seines Körpers ist, fand unsere Tour ganz nett und entspannt.

Wahrscheinlich hat er sich sogar phasenweise gelangweilt.

Jedenfalls hat er danach noch eine Woche mit einem Freund angehängt und ist auf Sardinien eine Rallye gefahren – die war dann schon weniger entspannt und brachte auch ihn an seine Grenzen.

Es liegt also immer im Auge des Betrachters, was mutig sein bedeutet.

Vielleicht bist du dir, wie auch ich, oft nicht darüber bewusst, welche mutigen Entscheidungen du schon getroffen hast.

In welche mutigen Abenteuer du dich schon gestürzt hast, die sich für dich nicht so angefühlt haben, für andere Menschen aber Herausforderungen darstellen, denen sie sich NIE stellen wollen würden.

Vielleicht bist du gar nicht nicht mutig, sondern siehst es einfach nicht.

<u>Take your Chance</u>

- Frag eine sehr gute Freundin oder einen sehr guten Freund, was aus ihrer/seiner Sicht, deine mutigen Entscheidungen/Taten waren.

- Frag dich selbst: Was bedeutet für dich MUT?

- Gibt es Situationen, die dir erst mal richtig Angst gemacht haben, die du aber trotzdem gewagt hast? Wie hat sich das angefühlt?

- Was würde dir in einer erneuten Situation, die dir Angst macht, helfen, zu vertrauen?

- **Was machst du derzeit nicht – weil du denkst, dir fehlt der Mut, und was, wenn du ihn doch hast?**

„Vertrauen ist die stillste Art von

Mut.“

Irmgard Erath

„Ich bin…"

Diese beiden Worte kannst NUR DU zu dir sagen. Kein anderer kann das. Nur du kannst das fühlen. Wie oft hast du diesen beiden Worten schon Negatives folgen lassen?

Ich bin… nicht gut genug.

Ich bin… zu dick/dünn/hässlich.

Ich bin… dumm.

Ich bin… schlecht.

Ich bin… nichts wert.

Ich bin… zu viel.

Wie oft hast du dich das zu dir selbst schon sagen hören? Was machen solche Aussagen mit dir und bist wirklich **du** diejenige, die das über dich denkt?

Oder sind es doch die Sätze der anderen?

Von irgendwann einmal?

Vielleicht schon Jahre her?

Vielleicht hast du in deiner Kindheit von Familienange-hörigen, von Lehrern, Schulkameraden oder Freunden manchmal solche Sätze gehört.

Heute, aus deinem erwachsenen Ich heraus, distan-zierst du dich möglicherweise davon und hast Metho-den gefunden, dich davor zu schützen, dass dich die Meinung und Beschreibung der anderen zu tief treffen.
Kinder können das meistens nicht.
Sie bekommen die volle Breitseite solcher Aussagen ab.
Und wenn sie immer wieder solche Sätze über sich hören, fangen sie irgendwann an, sie zu glauben.
Was sagen diese Botschaften über dich aus?
Und was über den, der sie sagt?

Ich habe sowas ganz oft gehört. Auch nicht nur in mei-ner Kindheit. Besonders andere Kinder oder Jugendliche können wirklich grausam sein. Und dann beginnen oft diese Spiele… wie du mir, so ich dir… und wir steigen auch ein in diese abwertenden Botschaften, weil wir das, was wir selbst erlebt haben, spiegeln.

Wahrscheinlich war das auch bei allen anderen so.

Ich habe Lehrer, Ausbilder, Kollegen oder Vorgesetzte erlebt, die nicht wertschätzend mit mir umgegangen sind. Heute würde man wahrscheinlich von Mobbing sprechen.

Und ich habe ganz lange geglaubt, *die haben Recht.*

Heute weiß ich, es stimmt einfach NICHT!

Gerade dann, wenn ich als Erwachsener in der Rolle eines Vorbilds bin, muss ich mir der großen Macht, die ich über Abhängige habe, und das sind Kinder, bewusst sein.

Leider werden wir durch unser Schulsystem nicht auf diese Aufgabe vorbereitet. Und auch in vielen Familien ist das Vorleben dieser Verantwortung nicht an der Tagesordnung. Wie können wir also Einfluss nehmen auf diese, für die Menschheit so wichtige Art miteinander umzugehen?

Die einzige Antwort, die ich für mich dazu finden konnte, ist, es immer wieder vorzuleben. Mir das immer wieder bewusst zu machen und entsprechend zu handeln. Wenn ich merke, dass ich abwertende Gedanken habe, innezuhalten und es bewusst wahrzunehmen. Anders zu denken. Anders zu sprechen.

Das ist das größte Geschenk, das du erstmal dir selbst machen kannst.

WAHR-NEHMEN.

Aufmerksam dafür zu sein, womit sich deine Gedanken beschäftigen. Sind diese Gedanken negativ oder bewertend, mal zu schauen, wie kommt es gerade zu dieser Abwertung. Bist das du, der da spricht? Ist das eine gelernte Reaktion auf ein bestimmtes Ereignis oder eine Person?

Ich habe bei einer Veranstaltung mal den Satz gehört: „Höre alles, glaube nichts!"
Eine große Kunst. Zu spüren, ob das, was ich höre, zu meinen Werten und meiner Vorstellung von Kommunikation und Zusammenleben passt oder ob alles in mir schreit und sich wehrt gegen Anfeindung und Abwertung.

Niemand hat das Recht, so mit mir zu sprechen!
NIEMAND!
Und auch nicht mit DIR!

Take your Chance

Ab heute gilt:

Ich bin… gut, so wie ich bin.

Ich bin… schön.

Ich bin… besonders.

Ich bin… wertvoll.

Ich bin… einzigartig.

Ich bin… genug.

Ich bin… kreativ.

Ich bin… freundlich.

Ich bin…

Führe für dich die Liste, mit allem was du bist, weiter.

Und du darfst **MUTIG** SEI

Heilsame Vergebung

Verletzungen sind manchmal so schlimm, dass man das Gefühl hat, niemals vergessen oder verzeihen zu können. Das ist ganz menschlich.

„Wer unter euch ohne Sünde ist, der werfe den ersten Stein!"
Johannes 8, 7

Was wir dabei manchmal vergessen ist, dass wir bestimmt auch schon in der Rolle des Verletzenden waren. Auch wir haben andere, manchmal unbewusst, wenn wir ehrlich sind, aber manchmal auch bewusst, verletzt. Auch das ist ganz menschlich.

Kannst du dir selbst erlauben, das auch so zu sehen, oder regt sich ein Widerstand in dir?

Dann lass uns das Thema Verletzung mal näher betrachten.

Wie entsteht Verletzung überhaupt? Und warum gibt es Menschen, an denen scheinbar immer alles abprallt, die sich nicht verletzt fühlen oder sich nicht verletzen lassen?

Meine Erfahrung ist, dass ich immer dann verletzt bin, wenn entweder ich selbst oder mein Gegenüber einen wunden Punkt trifft.

Lass das mal sacken.

Ein wunder Punkt ist nämlich schon vorher da.

Ich kann mich auch selbst verletzen, einfach, indem ich mir wie in den vorherigen Kapiteln erzähle, dass ich nicht gut genug bin oder mich dafür runtermache, einen dusseligen Fehler begangen zu haben.

Da sind wir eindeutig unsere eigenen Verletzer und der wunde Punkt ist das Gefühl, nie gut genug zu sein oder immer unperfekt (und das immer noch schlecht, statt ganz zauberhaft, zu finden).

Ich kann mich noch gut erinnern, als meine Kinder noch ganz klein waren, gab es Situationen in denen ich mich als schlechte Mutter gefühlt habe.

Ein strampelndes Kind auf dem Boden vor einer Supermarktkasse ist halt einfach ein Albtraum.

Allerdings ist oft gar nicht das trotzige Kind das Problem, sondern die vielen Leute, die kopfschüttelnd an dir vorbeilaufen oder „gut gemeinte" Erziehungstipps geben. Ungefragt, versteht sich.

Egal, wie ich als Mutter in diesen Situationen reagiert habe, gefühlt war es immer falsch. War ich streng oder habe geschimpft, kam jemand mit dem „Das-sind-doch-nur-Kinder-Blick" vorbei.

Habe ich mich nicht stressen lassen und den Wutausbruch einfach mal sein lassen, blitzten die „Na-die-hat-ihre-Kinder-ja-nicht-im-Griff"- oder „Ein-Klaps-auf-den-Hintern-hat-ja-noch-niemandem-geschadet"-Blicke auf.

Rückblickend hätte ich mir gewünscht, es hätte einfach nur mal jemand gesagt, dass das normal ist.

Dass diese Phase auch wieder vorbeigeht.

Denn das tut sie.

Und das Wichtigste ist, die Kinder nicht für ihre Emotionen zu bestrafen. Sie müssen sich nicht dafür schämen, dass sie gerade wütend sind. Wenn ich mich nur auf mein Kind und mich und nicht auf die vielen Leute um uns rum konzentriere, kann ich auch einem 3-Jährigen vermitteln, dass ich den Ausbruch gerade nicht lustig finde, ich ihn aber trotzdem sehr lieb habe.

Bei mir gab es in diesen Stresssituationen auch ganz unterschiedliche Emotionen. Einerseits habe ich mich geschämt, andererseits aber auch geärgert, dass ich mich von anderen Leuten so habe unter Druck setzen lassen.

Aber soll ich dir was sagen? Wenn wir ganz ehrlich sind, habe ich mich nur selbst unter Druck gesetzt.

Ich konnte es damals zwar nicht erkennen, aber am Ende sind nie die anderen das Problem, sondern das eigene Streben danach, es allen recht zu machen und in jedem Moment seines Lebens ideal zu agieren – und ideal natürlich für alle anderen und nicht für mich.

Ideal in Form einer immer perfekten, allwissenden Mutter.

Denn das war mein Trigger-Punkt: Ich will eine gute Mutter sein.

Als ich 13 Jahre alt war, hatte ich mal einen Lehrer, der mich, als ich mich im Unterricht meldete, als „die Dicke da hinten" bezeichnet hat.

Ein wunder Punkt auf der tiefsten Ebene, den man bei einer 13-Jährigen treffen kann, wurde getroffen: meine Figur. Unglaublich, dass solche Menschen einen päd-agogischen Auftrag haben.

Es gibt also bei Verletzungen immer den Knopf in ei-nem selbst, der gedrückt wird. Wenn es keinen Trigger gibt, verletzt es mich auch nicht. Habe ich ein gutes Bewusstsein für mich selbst und ein gutes Standing, kann ich nicht verletzt werden. Das ist manchmal schwer zu übertragen, erkennst du aber auch an Situationen, die dein Umfeld vielleicht als schrecklich, verletzend oder sonst wie betiteln würden, die du aber selbst nicht so empfindest. Aus dieser Position heraus gedacht, kannst du auch auf die Momente, in denen du eben doch verletzt bist, anders schauen. Bewusster.

Bewusstsein und Selbstbewusstsein sind auch die Gründe, wieso gewisse Sprüche oder Momente an anderen Menschen einfach so abprallen. Sie sind mit sich selbst im Reinen. Sie haben ein gutes SELBSTbewusstsein.

Ich bin mittlerweile für mich auch einen riesengroßen Schritt weiter. Ich habe mich selbst oft verletzt und von anderen verletzen lassen.
Heute passiert mir das fast nicht mehr. Natürlich habe ich auch Tage, an denen ich mich nicht so sehr in mei-

ner Energie fühle und dann kann es vorkommen, dass ich empfindlich auf einen Kommentar reagiere.

Ich merke es aber sehr schnell und kann damit aus dem schädlichen Prozess aussteigen. Und das wünsche ich mir für dich und für uns alle.

Ich vergebe mir dann selbst, dass ich für diesen kurzen Moment die Verletzung zuließ.

Ist ja auch halb so wild, wenn wir entscheiden, dass es das ist.

Und sollte eine andere Person einen Trigger-Punkt in mir erwischt haben, vergebe ich auch ihr, denn nur, wenn ich in die Vergebung gehe, können auch meine Trigger heilen.

Jetzt ist es ja nicht immer so einfach zu sagen, ich verzeihe anderen, dass sie mich verletzt haben.

Auch das ist sehr menschlich. Verstehe ich aber, dass ich Teil der Geschichte bin und nur verletzt werden konnte, weil ich das zuließ, geh ich aus der Opferrolle raus und nehme meine Gefühlswelt und mein Leben selbst wieder mehr in die Hand.

Dazu muss ich nicht mal mit dem anderen sprechen (können). Es geht nur darum, in mir die Vergebung und das Verzeihen zu fühlen.

Für mich.

Für sie oder ihn.

Für diesen Moment.

Für uns beide.

Wieso mir das wichtig ist? Verletzungen, die wir lange mit uns herumtragen, verletzen uns nicht nur im Inneren, sondern manifestieren sich irgendwann auf der Körperebene und wir werden krank. Wir sind dann tatsächlich körperlich verletzt. Das ist die größte Gefahr

dabei, wenn du alte Verletzungen immer wieder zu-
und sie in dir verkrusten lässt.

Ich persönlich habe im Moment zwei Autoimmuner-
krankungen.

Das soll nicht heißen, dass diese nur durch emotionale
Verletzungen entstanden sind.

Bestimmt nicht.

Ich glaube aber, dass all die alten Verletzungen und
mein früherer Umgang damit Einfluss auf meine kör-
perliche Gesundheit hatten und so die Entstehung der
Krankheiten begünstigten.

Und das vergebe ich mir.

Ich habe das nicht absichtlich gemacht.

Was gibt es in dir noch, das du heute vergeben darfst?

Take your Chance

- Kennst du deine wunden Punkte? Welche sind es?

- Wem kannst du heute vergeben, um in die gemeinsame Heilung zu kommen? Was hielt dich bis heute noch davon ab?

- Schreibe der Person/Situation einen Brief. Lass alles raus, was du schon immer sagen wolltest. (Du musst ihn nicht abschicken! Lass dir genug Zeit für diese Briefe, sie können sehr emotional werden.)

- Und dann schreibe aus der anderen Sicht eine Antwort. Lass es fließen. Lass Verständnis und Kommunikation in deiner Seele zu – sei offen, für alles was kommt.

Danke, danke, danke – die 3 Schritte der Dankbarkeit, die dein Leben verändern

Wie oft nehmen wir das, was ganz selbstverständlich in unserer Umgebung ist, noch wirklich wahr? Und wie oft schätzen wir das, was wir alles haben, wirklich?

Wenn man sich mit Achtsamkeit und Persönlichkeitsentwicklung beschäftigt, kommt man nicht an dem Thema Dankbarkeitsübungen vorbei.
Und das ist gut so!

Aber wie macht man das eigentlich und fühlt sich das nicht komisch an, sich bei seiner Kaffeemaschine oder seinem Bett zu bedanken?

Am Anfang fühlt sich das total komisch an und mir ist das auch richtig schwergefallen.

Ich dachte immer, ich muss für die großen Dinge dankbar sein. Also meine Existenz, meine Familie, meine Kinder, meinen Partner, meinen Job, den letzten Urlaub usw.

Das ist auch alles richtig.

Und doch gibt es so viele andere Kleinigkeiten, für die ich dankbar bin, auch wenn ich sie anfangs nicht wahrgenommen habe.

Warum solltest auch du dich noch mehr mit Dankbarkeit beschäftigen, erst recht, wenn du sie bislang bewusst umgangen bist?

Wenn wir dankbar sind, dann sind wir das immer in einer positiven Haltung. Dankbarkeit als solche ist schon mit positiven Gefühlen verbunden und selbst, wenn du anfangs noch eher aus dem Kopf **überlegst,** wofür du dankbar sein **könntest,** haben diese Übungen einen wunderbaren Vorteil: Beschäftigen wir uns mit etwas Positivem, kann unser Gehirn sich nicht gleichzeitig mit etwas Negativem beschäftigen.

Kannst du gern gleich mal ausprobieren.

Also jetzt sofort.

Leg das Buch kurz weg und denke an etwas Schönes, hier ein paar Beispiele, damit es dir leichter fällt:

Vielleicht das leckere Frühstück heute Morgen oder das Vogelgezwitscher, das du, nur so ganz beiläufig, am offenen Fenster gehört hast. Was du als schön empfindest, liegt dabei ganz bei dir.

Buch zu. Augen zu. Los geht's.

Und? Konntest du spüren, dass sich dieser schöne Gedanke in deinem ganzen Körper ausgebreitet hat?

Oder noch nicht so?

Kamen die schönen Gedanken direkt an mehrere Dinge wie von selbst?

Und gab's da noch Platz für schlechte Gedanken?

Wie hat es sich für dich angefühlt, das überhaupt bewusst zu denken?

Ungewohnt?

Das macht nichts. Alles was wir nicht aus einer Routine heraus tun, fühlt sich erstmal ungewohnt an. Das ist wie beim Fahrradfahren. Wenn wir's lernen, fallen wir oft hin, wir können die Balance nicht halten und sind mit so vielen Dingen gleichzeitig beschäftigt, dass das in echte Arbeit ausartet. Je mehr wir üben, umso besser gelingt es uns mit Leichtigkeit. Und irgendwann fahren wir freihändig und das Halten der Balance regelt unser Körper, ohne, dass wir darüber nachdenken müssen.

Schritt 1 - regelmäßig dankbar sein & deinen Körper mitnehmen

Genau so funktioniert auch die Dankbarkeitspraxis, mit dem kleinen Unterschied, dass ich nicht umfalle und mir dabei das Knie aufschlage.

Aber sonst ist es nichts anderes.

Es geht ums Üben.

Und das am besten jeden Tag.

Denn: Der zweite Effekt von Dankbarkeit ist, dass du deine Energie erhöhst. So, dass du auch das, was du wirklich willst, und nicht das, was du nicht willst, eher anziehst, aber eben: Es auch einfach siehst und fokussierst.

Mit der Zeit kommt die Dankbarkeit dann vermehrt auch von selbst und insgesamt wirst du resilienter dadurch, dass dein System ganz automatisch in allem Geschenke findet.

Ich fange damit meistens schon an, wenn ich aufwache und mich noch ein bisschen in mein warmes Bett kuschle.

Dann bedanke ich mich für den erholsamen Schlaf in meinem warmen Bett und dass die Vögel draußen schon ein Morgenlied zwitschern.

Ich bedanke mich für den gestrigen Tag und für einzelne Ereignisse, die gestern passiert sind. Nichts Großartiges. Ein nettes Telefonat mit einer Freundin, der freundliche Postbote, der mir ein Päckchen an die Tür gebracht hat. Es geht nur ums Wahrnehmen.

Um dabei auch meinen Körper zu fühlen, lege ich mir meistens eine Hand aufs Herz oder beide Hände auf meinen Bauch.

Ich nehme Kontakt auf.

Sowohl körperlich als auch geistig.

Es gibt keine Vorgabe, wie viele Punkte wir finden müssen, für die wir dankbar sind.

Manchmal sind es drei und an einem anderen Morgen fallen mir spontan zehn Sachen ein.

Das ist nicht wichtig.

Wichtig ist nur, es regelmäßig zu tun und irgendwann, wie beim Radfahren, nicht mehr drüber nachdenken zu müssen, sondern automatisch ins Fließen zu kommen, ganz egal, ob du's mal vergessen hast oder es täglich tust.

Schritt 2 - Dankbarkeit schreiben

Der nächste Schritt, der auch sehr kraftvoll ist, ist das Schreiben. Und damit meine ich wirklich das Schreiben mit Stift auf Papier. Oder worauf immer du schreiben möchtest. Dazu fängst du einfach mit dem ersten Satz an.

Danke, dass…

Danke, Universum, für…

Ich bin dankbar und glücklich, dass/für…

Es gibt unterschiedliche Begriffe dafür. Vielleicht hast du schon mal etwas von Journaling gehört. Der Begriff kommt vom Journal, was so viel wie Notizbuch oder Tagebuch bedeutet. Es gibt ganz wunderschöne Bücher dafür zu kaufen. Es funktioniert aber genauso auf einem Block oder auf losen Seiten. Denn dabei geht's nicht unbedingt darum, deine Texte immer wieder zu lesen, sondern eher um den Akt des Schreibens. Die Beschäftigung mit dem, wofür du dankbar bist. Der Anfang ist wahrscheinlich seltsam, weil der erste Satz, der schwierigste ist. Hast du die ersten Sätze geschrieben, fließen die kommenden plötzlich wie von alleine.

Ich habe schon häufiger gehört, dass wir ca. 60.000 Gedanken pro Tag denken und davon sind die meisten negativ. Und das ist uns nicht mal bewusst.

Unfassbar, oder!?

Lass uns das weiter verändern.

Zum Beispiel mit Dankbarkeit.

Ich bin gespannt, ob dir auch schon nach kurzer Zeit auffällt, dass deine Haltung sich verändert. Dein Gesichtsausdruck ein anderer wird. Sich deine Mundwinkel immer häufiger nach oben bewegen. Ganz von alleine, ohne dass du aktiv dran denken musst. Vielleicht fällt es ja auch Menschen in deinem Umfeld auf...

Schritt 3 - durch Dankbarkeit das bekommen, was du dir wünschst

Bei unseren Dankbarkeitsübungen dürfen wir dann auch gerne noch einen weiteren Schritt machen, der zu den ganz großen gehört. Nämlich mich für etwas zu bedanken, das ich in dieser Form noch gar nicht in meinem Leben habe.

Ich soll mich für was bedanken, das noch gar nicht da ist? Was ist das jetzt wieder für ein Quatsch?

Hast du schon mal etwas gekauft, erreicht oder ist dir schon mal was begegnet, bei dem dir irgendwann später aufgefallen ist, dass du irgendwann vorher mal dran gedacht hast oder das sogar erzählt hast, dieses Ding genauso oder zumindest so ähnlich zu haben?

Ganz bewusst ist mir das zum ersten Mal geworden, nachdem ich eine Wohnung gekauft hatte. Einige Jahre vorher wurde ich in einem Vorstellungsgespräch nach einem persönlichen Ziel gefragt. Ganz spontan hatte ich auf diese Frage geantwortet, dass ich spätestens bis zu meinem 40. Geburtstag eine Eigentumswohnung haben werde.

Ich habe knapp drei Wochen vor meinem 40. Geburtstag beim Notar gesessen und den Vertrag für meine Wohnung unterschrieben.

War mir das in dem Moment bewusst? Definitiv nicht! Aber einige Wochen später, nachdem sich die erste Aufregung gelegt hatte, fiel mir in einem ruhigen Moment wieder dieses Vorstellungsgespräch sechs Jahre zuvor ein. Und da dachte ich, WOW... das hat ja tatsächlich geklappt.

Beim Drüber-Nachdenken fielen mir noch mehr solcher Beispiele ein. Nicht nur in Bezug auf Dinge, sondern auch auf Menschen. Auf Männer. Bei den Männern ist mir dann hinterher aufgefallen, dass ich einfach noch nicht konkret genug war mit dem Manifestieren. Denn nichts anderes ist das. Ich habe in mir manifestiert, dass ich eine Wohnung kaufe und auch wann. Ich habe Eigenschaften von Männern, die in mein Leben kommen dürfen, manifestiert und zwei Wochen später sitzt dieser Typ vor mir, der mir genau das erzählt.

Ein ganz wichtiger Aspekt dabei ist allerdings, immer zu formulieren, was man will. Nicht, was man nicht will.

DON'T:

Ich will nicht wieder einen Mann, den ich finanziell unterstützen muss.

DO:

Mein Partner ist finanziell unabhängig.

DON'T:

Ich will nicht mehr zur Miete wohnen.

DO:

Ich habe eine eigene Immobilie.

Das Universum versteht Verneinungen nicht.

Eigentlich schade, denn wir wissen meistens ganz genau, was wir nicht mehr wollen.

Was wir aber stattdessen wollen, ist schwer zu formulieren.

Und das bitte auch noch positiv!

Wenn du etwas haben willst, stell dir vor, du hast es schon.

Stell dir deine Wohnung vor.

Wie sie aussieht, wie du sie eingerichtet hast, wie die Räume aufgeteilt sind, ob sie auf einer oder mehreren Etagen ist, ob es einen Garten oder einen großen Balkon gibt, wie sie riecht, wie die umliegenden Straßen begrünt oder die Einfahrt gepflastert ist...

Alles das, was in dir an Bildern hochkommt.

Und dann setz dich hin und schreib es auf.

Bedanke dich dafür, dass du das alles schon hast.

Und jetzt lass es los!

Lass es wirklich los.

Vertraue darauf, dass alles zu deinem Wohl passiert.

Dass das Leben es immer nur gut mit dir meint.

Dass das Universum genau weiß, wann es dir was wie schickt.

Alles ist schon in dir!

Das ist das ganze Geheimnis.

Statt darauf zu warten und zu pochen, freu dich auf alles, was kommt.

Ist das schon das Ende? Nicht, wenn du nicht willst

Ich kann gar nicht glauben, dass es tatsächlich fertig ist. Mich überwältigt eine Welle der Emotionen, während ich jetzt diese Worte zum Schluss schreibe und ich bin sicher, für dich war es eine kurzweilige, schöne Reise – und vielleicht steigt die Frage hoch: War's das schon?

In mir ist gerade das große Bedürfnis, dir noch ein bisschen davon zu erzählen, wie es bei mir weiterging, seit ich damit angefangen habe, dieses Buch zu schreiben. Denn die Frage *Ist das schon das Ende?* bezieht sich nicht nur auf das Buch, sondern auch auf meine Reise. Die Antworten sind unterschiedliche.

Entstanden ist es ja in einem Coachingprozess, in den ich zufällig gestolpert bin. Ich muss wahrscheinlich nicht erwähnen, dass es in meiner Welt sowas wie Zufall nicht gibt. Ich habe mich in dieses Abenteuer gestürzt und das Ergebnis hältst du gerade in deinen Händen.

Das, was allerdings innerhalb dieses Prozesses noch alles passiert ist, würde vielleicht sogar ein nächstes Buch füllen.

Der Prozess hat mich, Schritt für Schritt, in meine berufliche Neuorientierung begleitet. Auch wenn das für meine Coachin von Anfang an klar war, war es das für mich überhaupt nicht.

Und so habe ich mich mittlerweile als Coach bzw. Mentorin selbständig gemacht. Ich bin nach fast 40 Jahren sozialversicherter, vermeintlich sicherer Jobs, das Wagnis Selbständigkeit eingegangen. Der Weg zu dieser Entscheidung war nicht leicht und ich habe ihn mir auch nicht leicht **gemacht.** Wir sind alle, mehr oder weniger, in unseren Konditionierungen verhaftet. Diese aufzubrechen und neue Ufer zu betreten, braucht Mut.

Ich kenne mich aber mittlerweile auch so gut, dass ich weiß, dass mich dieses innere Rufen nicht mehr losgelassen hätte. Dass es immer nur noch lauter geworden wäre. Denk an die Geschichten meines Lebens zurück.

Meine aktuelle Ausrichtung hat sich währenddessen entwickelt. Wie ein Schmetterling, der sich nach seinem Raupendasein entfaltet. Ganz langsam. Immer wieder mit neuen Aspekten, die aus meinem Bauch aufsteigen, sich als Gedanken zeigen. Intuitiv.

Gestartet bin ich als Coach für Mamas, die in der Perfektionsschleife stecken, nicht gut genug für ihre Kinder zu sein. Irgendwas besser machen zu müssen, weil andere ihnen das erzählen. Die es allen anderen recht machen, nur irgendwie nicht sich selbst. Das Leben darf so viel leichter sein und niemand von uns muss irgendwas alleine machen. Niemand muss sich alleine gegen die Kritik wehren oder verunsichert und ohne seine eigenen Sehnsüchte zu hören durchs Leben gehen. Ich hatte immer wieder „zufällig" Frauen an meiner Seite, die mich mit ihrer Lebenserfahrung und ruhigen Gelassenheit, mal nur kurz und manchmal auch etwas länger, begleitet haben, mir geholfen haben, meine eigene Intuition zu hören UND nach ihr zu handeln. Für meine Kinder. Für mich selbst. Das hat einiges schneller und einfacher gemacht.

Heute bin ich Mentorin für Frauen, die vor einer Entscheidung stehen und diesen **einen mutigen Schritt** gehen wollen – auch für dich, wenn du möchtest. Und ich begleite Frauen, die entweder in eine Führungsrolle wollen oder schon in einer sind. Die diese Aufgabe gern weiblich und mit Empathie ausfüllen möchten. Denen es nicht nur um Zahlen, sondern um die Menschen geht, die von ihnen geführt werden.

Wieso hat sich das so schnell, nämlich nach den ersten 3 Monaten meines Losgehens, schon geändert?

Ich habe gemerkt, dass der Begriff Mama-Coach sehr stark eher mit kleineren Kindern verbunden wird. Und ja, ich arbeite auch gern mit Müttern, deren Kinder noch klein sind zusammen. Ich möchte aber die komplette Bandbreite ansprechen. Denn Mütter wie ich selbst, deren Kinder nicht mehr zuhause wohnen, weil sie eben schon erwachsen sind, sind ja auch noch Mütter. Sie fühlen sich aber vielleicht durch die Bezeichnung Mama-Coach nicht angesprochen. Und auch für mich hat es sich sehr schnell nicht stimmig angefühlt.

Warum stattdessen **Mentorin**, die bei mutigen Schritten begleitet bzw. für weibliche Führungskräfte?

Vielleicht ist dir beim Lesen aufgefallen, dass sich das Thema **Mut** wie ein roter Faden durch mein Buch zieht. Und genau diese Glühbirne hat an einem Samstagmorgen so hell in mir angefangen zu strahlen, dass ich wusste, das fühlt sich wie Ankommen an.

Das hat mir die Tür geöffnet! So kann ich mit jeder Frau, ob Mama oder nicht, an ihrem Mut-Mindset arbeiten.

Und als Führungskraft bin ich damals genau dafür angetreten. Nämlich den Menschen, den Mitarbeiter, in den Mittelpunkt zu stellen. Sie in ihrer Einzigartigkeit anzuerkennen, ihre Potenziale sich entwickeln zu lassen, zum Wohl des Einzelnen und auch der Gemeinschaft. Denn jeder profitiert von zufriedenen Mitarbeitern, die mit Begeisterung und Loyalität bei der Sache sind.

Werde ich bei dieser Ausrichtung die nächsten Jahre bleiben? Keine Ahnung. Ich werde dem folgen, was sich gut und richtig anfühlt und wo ich wirklich helfen kann. Denn das ist es, wofür ich hier bin. Meine Aufgabe in diesem Leben.

Was sich alles in meinem Leben noch verändern wird? Ich habe ganz viele Bilder dazu in meinem Kopf, in meinem Herzen und bin einfach nur gespannt, wann und wie sie sich in meinem Leben verwirklichen.

Sei gerne ein Teil davon. Hinterlass eine schöne Rezension für mein Buch, teil hier und da Zitate, die dir besonders gefallen, verschenk es weiter an jemanden, der es braucht – und besuch mich auf den typischen Social-Media-Kanälen. Du findest mich ganz einfach unter meinem Namen oder lande in meinem Mailpostfach: info@susanne-sternecker.de

Ich wünsche dir einen zauberhaften Tag!

OUTTAKE

Einfach, weil ich es so sehr fühle.

Dieses Buch ist das Ergebnis eines Coachings. Die erste Aufgabe in diesem Coaching war, eine Speech zu schreiben. Einfach aufzuschreiben, was ich mir wünsche. Einfach kommen lassen. Das Ergebnis dieser ersten Aufgabe möchte ich gern noch mit dir teilen. Mich berührt das, was ich damals an einem Sonntagmorgen, im Schlafanzug an meinem Esstisch sitzend, geschrieben habe, immer noch sehr. Und vielleicht kannst du dich in diese Rede einfühlen und vielleicht findest du dich in manchen Punkten, mit deinen Wünschen wieder. Ich habe den Text genauso gelassen, wie er damals, ohne drüber nachzudenken, aus mir geflossen ist.

Ich kann diese Übung nur wärmstens empfehlen.

Ich glaube daran, dass jeder Mensch, dass jedes Wesen perfekt ist.

Ich glaube daran, dass jeder und jede weiß, was für sie oder ihn gut ist, auch wenn das für den Augenblick vielleicht nicht offensichtlich ist. Es Zeiten gibt, in denen es sich anfühlt, als würde man ganz fürchterlich in der Luft hängen und keinen Plan haben und alle anderen um einen herum haben den vollen Plan, sind eigentlich viel besser als man selbst. Ich glaube daran, dass es möglich ist, auch mehrere Visionen für sein Leben haben zu dürfen und nicht immer den direkten Weg gehen zu müssen. Und wieso sollte der nicht trotzdem direkt sein? Mein größter Traum ist, dass jeder okay ist, so wie er ist. Egal ob die Person studiert hat oder vielleicht sogar keinen Schulabschluss hat. Das sagt nichts über den Wert eines Menschen aus. Es gibt Paare, die finden sich in ihrer Jugend und bleiben das ganz Leben zusammen. WOW das ist der Hammer. Aber muss das

das Vorbild sein? Braucht es überhaupt ein Vorbild? Ich wünsche mir eine Gesellschaft, die anerkennt, dass ein Weg nicht immer nur gerade ist. Egal, ob beruflich oder privat. Ich wünsche mir, dass die Menschen, die nicht immer den geraden Weg nehmen, sich deshalb nicht schlecht fühlen, oder als Versager. Wer weiß denn, ob diese perfekten Paare immer so glücklich damit sind, dass sie in diesem Leben geblieben sind? Ich wünsche mir Kinder, die Kinder sein dürfen. Die sich dreckig machen und Blödsinn treiben. Die Fragen stellen und Antworten bekommen. Und zwar Antworten, die sie ernst nehmen und sie nicht nur so larifari abspeisen. Ich wünsche mir Eltern, die den Spagat schaffen von Partner sein und im richtigen Moment aber auch die Führung übernehmen. Wurzeln und Flügel. Das klingt leider schon etwas abgedroschen, ist aber genau das, was es aus meiner Sicht und auch Erfahrung als zweifache Mutter braucht. Und Kinder akzeptieren das und wollen auch geführt werden. Sie müssen sich darauf verlassen können, dass da ein Backup ist, sie Fehler machen dürfen und daraus lernen. Sie aber auch die Freiheit haben zu entscheiden, welche Aktivitäten sie in ihrer Freizeit machen und welche sie nicht wollen. Ich träume von Eltern, die selbst wenn sie kein Paar mehr sind, immer noch Eltern sind. Die ihre Kinder in den Mittelpunkt stellen und nicht ihre Kämpfe auf deren Rücken austragen. Das wäre so traumhaft!

Ich wünsche mir junge Erwachsene, deren beruflicher Weg nicht nur von einer Note abhängt. Die ihre Leidenschaften als Beitrag für die Gesellschaft, aber auch für ihr persönliches Wachstum einbringen dürfen. Wo es nicht immer nur ums Geld verdienen geht, wenn das nicht der wichtigste Faktor für sie selbst ist.

Ich wünsche mir eine Welt, in der Geld nicht alles ist. Das soll nicht heißen, dass ich Geld nicht mag. Ich möchte nur nicht immer ausschließlich daran gemessen werden, welche Labels ich trage, welche Möbel und welche Fahrzeuge ich kaufe und wo die nächste Reise hingeht. Nämlich vielleicht nicht ins 5 Sterne Ressort auf Mauritius. Und wenn doch das 5 Sterne Ressort auf Mauritius, dann darf das auch okay sein und ich darf es einfach nur genießen. Genauso wie derjenige, der eine Trekkingtour durch Nepal macht oder in der Ferienwohnung im Bayerischen Wald sitzt. Alles richtig, wenn das genau das ist, wo ich mich wohlfühlen und ich mich wunderbar erholen kann.

Ich wünsche mir, dass wir mehr über uns selbst lachen. Es darf einfach auch Spaß machen, mal was falsch zu machen oder eben noch nicht perfekt in einer Sache zu sein. Sollte das überhaupt möglich sein. Und genauso dürfen wir uns freuen, wenn alles bestens gelaufen ist und die Sektkorken knallen lassen. Macht doch auch voll Spaß!

Ich wünsche mir eine Welt, in der Ernährung wieder einen Wert von Nahrung hat. Und trotz aller Convenience, die Menschen Lust haben selbst zu kochen und was auszuprobieren auch wenn's erstmal nicht so aussieht, wie bei dem Sternekoch und vielleicht auch nicht ganz so schmeckt. Ich träume von mehr genießen und das darf dann auch gesund sein. Und dass diejenigen, die nicht gerne selbst kochen, trotzdem in Ordnung und nicht weniger wert sind, als die passionierten Hobbyköche dieser Welt.

Ich träume davon, dass sich Menschen mit der Art Bewegung wohlfühlen dürfen, die zu ihnen passt und kein schlechtes Gewissen haben müssen, wenn sie keinen Fitnessvertrag und kein tolles Bike zuhause stehen haben. Ganz zu schweigen, von dem Marathon, der einmal im Leben gelaufen sein sollte. Und wer darauf aber voll Bock hat, der kann das ganz ambitioniert auch tun und es einfach genießen. Denn es ist das, was er sich selbst ausgesucht hat.

Ich wünsche mir eine Welt ohne ständige Bewertungen. Zu dick, zu dünn, zu reich, zu arm, zu schlau, zu dumm... usw. Und das heißt aber auch, dass diese Bewertungen für einen selbst auch mit mehr Gefühl, mit mehr Herz gegeben werden dürfen. Ich habe für mich noch nicht den richtigen Partner gefunden... das ist okay. Ich bin in meiner beruflichen Situation noch nicht angekommen oder will da eigentlich schnell wieder weg... das ist okay. Und es gibt viele Beispiele dafür, wo wir vielleicht noch nicht angekommen sind... und das ist okay.

Ich träume davon, dass man Menschen, durch die man verletzt wurde, vergeben darf. Wir kennen oft nicht die Hintergründe, die zu einer Verletzung geführt haben und zwar aus beiden Sichtweisen. Was hat den Verlet-

zer dazu gebracht zu verletzen und wieso ist der Ver-

letzte verletzt? Das hat doch immer mit beiden zu tun.

Und ich kann aus dem ganzen aussteigen und mal von

außen betrachtet entscheiden, dass ich vergebe. Und

zwar nicht nur dem der mich verletzt hat, sondern auch

mir, dass ich mich verletzen ließ. Es geht aber nicht nur

um solche Beziehungsgeschichten. Wie oft ärgern wir

uns über uns selbst und schimpfen uns dafür, etwas

falsch oder gar nicht gemacht zu haben. Vergib dir! Du

konntest es in diesem Moment nicht anders oder bes-

ser. Lass den Affen von der Schulter runter und erkenne

dich selbst an. Du hast es genauso gemacht, wie du es

in diesem Moment für richtig gehalten hast. Auch das

wünsche ich mir von ganzem Herzen! Vergib dir selbst!

Ein großer Traum ist, dass alle Menschen dieser Welt

ihren eigenen Glauben leben dürfen und niemand an-

derer darüber entscheidet, dass er falsch oder richtig

ist. Wir haben alle die freie Wahl an etwas zu glauben

oder auch nicht. Und deshalb, und das ist der große Gedanke dahinter, wird auch niemand mehr für seinen Glauben oder Unglauben verfolgt oder getötet. Weil einfach alles so sein darf, wie jeder sich das für sich aussucht.

Ich wünsche mir, dass Menschen nicht immer über einen Kamm geschoren werden. Etwas mehr Toleranz und Offenheit. Da gibt es ein paar schöne Beispiele, die mich auch selbst betreffen, deshalb kann ich es auch aus dieser Sicht beschreiben. Die Motorradfahrer nämlich, die einfach immer rücksichtslos unterwegs sind. Zu schnell, zu laut, sowohl das Motorrad, als auch natürlich sie selbst. Aber auf jeden Fall rücksichtslos im Straßenverkehr. Überholmanöver, die lebensgefährlich scheinen und manchmal sicher auch sind. Aber es gibt eben auch die anderen Motorradfahrer, die nicht nur rasen, sondern einfach die Freiheit auf ihrem Bike genießen. Die die Leidenschaft mit anderen teilen und in der Gruppe unterwegs sind. Da muss man sicherlich mal den einen oder anderen Autofahrer überholen. Das passiert aber ohne die Intention den Autofahrer damit zu ärgern oder zu behindern. Im Gegenteil, es geht um den Flow und der ist auf einem Motorrad einfach anders als in einem Auto. Und natürlich gibt es die Rowdys, die rücksichtslos unterwegs sind. Die gibt es übrigens überall.

Ich wünsche mir von ganzem Herzen, dass Menschen sich nicht durch das, was ich sage, angegriffen fühlen. Sondern entscheiden, ob das zu ihnen passt oder sich richtig anfühlt, oder eben auch nicht. Aber nicht denken, dass ich sie schlecht machen möchte oder zu etwas bewegen, was sie selbst nicht wollen. Seid euch mehr bewusst, dass ihr einen freien Willen habt. Das bedeutet auch Verantwortung für sich selbst zu übernehmen und das kann auch mal schmerzhaft sein. Es kann aber auch so mega grandios sein!